デュラン・れい子

日本人なら知っておくべき「日本人」の名前

JN179856

講談社+α《プラスアルファ》新書

はじめに

第二次世界大戦が始まったヨーロッパで、６０００人のユダヤの人々の命を救った杉原千《ち》畝《うね》。当時、バルト三国の一つ、リトアニアの日本帝国領事館に、ただひとり勤務する領事代理でした。

１９４０年7月18日早朝、ただならぬ気配に杉原が窓から確かめると、なんと１００名近い人々が領事館を取り巻いており、その数はふえるばかり。疲れ果てた表情のこの人々は、当時ドイツ軍が侵攻を開始したポーランド南部から、ナチスのホロコーストを逃れて、ここリトアニアの主都カウナスまでたどり着いたユダヤ難民とわかりました。

既にオランダなど大西洋側はナチスに占領され、唯一の逃げ道はアメリカかイスラエル、または上海。しかし、そこへ行くにはソ連のシベリア鉄道を経由するため、日本通過のビザが不可欠だったのです。

通常日本通過のビザは、条件さえ満たしていれば領事権限で即座に発給できますが、あまりの大人数のため、杉原は東京の外務省に電報で問い合わせます。しかし、答えは「ＮＯ」。１９３８年、五相会議で定めた「猶太人《ユダヤ》対策要綱」では、「ユダヤ人に対しては一般の外国人同様、公正に処置する」ことになっていましたが、外務省からの返事は「通過査証は、行き先国の入国許可手続きを完了し、旅費及び本邦滞在費等相当の携帯金を有する者に発給する」というものでした。

しかし、杉原の目の前にいるユダヤ難民で、その条件を満たせそうな人など見当たりません。なぜなら経済的余裕のある人々は、戦争が始まるやいなや日本経由でアメリカなどに逃れており、残された人々は着の身着のまま、トランクひとつ、カウナスまで徒歩でたどり着いた人たちだったからです。

杉原は悩み抜きますが、妻・幸子《ゆきこ》さんの励ましもあって、ついに決心します。

これからの物語はテレビや映画などで、ご存じの方も多いのではないでしょうか。

今、彼の功績は日本でもかなり知られるようになりましたが、昔はほとんど知られていませんでした。

最初に私が興味を持ったのは杉原千畝自身ではなく、リトアニアという国でした。1960年代、寺山修司さんが主宰していた渋谷の天井桟敷で上映された、ジョナス・メカスの『リトアニアへの旅の追憶』に感動したのです。

当時、ジョナス・メカスはニューヨークで、オノ・ヨーコやパク・ナムジュン、飯村隆彦などとともに活躍をしておりました。彼はユダヤ人で、１９４９年、弟と一緒にソ連領となっていたリトアニアから自由を求めてアメリカに逃げますが、27年ぶりに母国に残した母親を訪ねてリトアニアに向かいます。そのときの様子を淡々と記録したのが、伝説のビデオ作品『リトアニアへの旅の追憶』で、世界中の若者を魅了したものです。

当時の私は、リトアニアという国を知りませんでした。天井桟敷の帰り道、アーチスト仲間に「リトアニアって、どこにあるの？」と聞いたことを思い出します。友人たちも、はっきりは知りません。「ウクライナの近くじゃないかな？」「もっと北、バルト海に面しているかもしれない」などという話で、そのまま終わってしまいました。

その次にリトアニアの話を聞いたのは、１９７７年、国際結婚して住み始め、英国国際版画ビエンナーレで銅賞をいただいたのを機会にアーチストとしての活動を始めた、アムステルダムでした。

そして杉原千畝の名前を知ったのは、ずっとあと。１９８０年代のアメリカ。ヒューストン・フォトフェスティバルの帰りに立ち寄った、ロサンゼルス郊外の日系人のおばあちゃんからでした。そのとき彼女からこう言われたのを思い出します。

「あなたは日本人のくせに、杉原千畝を知らないのですか？」

この日系人一家は戦後、移民としてアメリカに渡り、たいへんな苦労をしてグリーン・ファーマー（野菜農家）として成功しましたが、その苦しいときに助けてくれたのが、近くに住むユダヤ系アメリカ人だったというのです。その理由は「あなたは、日本人だから」。

杉原千畝の名前は、この一家も日本では聞いたことがなかったそうです。私はどんな字を書くのかと聞いて手帳に書きとめたことを、昨日のように思い出します。

そして日本に帰ったとき友人に、「こういう人、知ってる？」と聞きましたが、知っている人はなく、現在のようにネットで調べるという時代でもありませんでしたので、そのままになってしまいました。

その後、リトアニアは、ヨーロッパで大きな話題になりました。1989年の「人間の鎖」というニュースです。

杉原千畝が駅までビザを求めて押し寄せるユダヤの人々に「申し訳ありません。もう、これ以上書けません。皆さんの幸せを祈ります」と頭を下げてベルリン行きの列車に乗り込んだあと、国内に残ったユダヤ人は全員、アウシュビッツに送られたといわれます。

ソ連領となったリトアニアは第二次世界大戦が終わったあとも、杉原のいた時代同様深刻な状況にありました。ホロコーストこそありませんが、大国ソ連の圧力の下で、人々は抵抗運動を続けていたのです。彼らが求めたのは自由。自分の国、自分たちの言葉を取り戻すことでした。

「人間の鎖」はリトアニア、ラトビア、エストニアの人々が、ソ連の戦車に監視される中、手をつないで三国600㎞の国境に立ち、自分たちの国の言葉で、自分たちの国の歌を歌う。たったそれだけの、15分間のイベントでした。

あまり日本では話題にならなかったようですが、当時のヨーロッパは興奮に包まれました。なぜなら参加した人たちが200万人！（200万人ですよ！）という考えられない数だったからです。

当時は携帯電話などない時代。主催者は入念な準備のもと、ラジオを通じて、この様子を世界に訴え、「自由」をアピールしたのです。さっそくテレビ局、新聞社がリトアニアに飛び、現地から感動と興奮を伝えました。ヨーロッパ中の人がテレビの前にクギづけになり、涙しました。もちろん私も、そのひとりでした。

さっそくポーランドが支持を表明、フィンランドが続き、この事件は当時のゴルバチョフ政権を倒すきっかけになりました。

なんて強い人たちなんだろう！　というのが、私の印象でした。外国の植民地になったことのない日本人には、考えられない情熱と執念です。

そのとき感じたのは、このリトアニアの人々の強さ、ユダヤ人の強さを、杉原は知っていたに違いない！　ということです。それは彼のビザ発給の決断に、絶対無関係ではありえません。リトアニア人とユダヤ人の強さを知っていたからこそ、彼はあの決断をしたのだろうという気もしてきました。

1985年、杉原は、イスラエル政府から「諸国民の中の正義の人賞」（ヤド・バシェム賞）を受け、エルサレムの丘で記念植樹祭と顕彰碑の除幕式が行われました。本人は高齢で出席できず長男・弘樹氏が出席しましたが、杉原がどんなに感慨深かったかは、想像に余りあります。

こうして私と杉原の細い糸が、だんだん太い糸になっていった気がいたします。そして杉原を知る人とも、初めて知る人とも、外国人の友達とも話すことが多くなっていったのです。杉原千畝の名前を出したとたんに、「実は、私はユダヤ人なんです」と言われ、友人、知人にユダヤ系の人々が年々増えているのは、うれしいことです。

思えば杉原千畝が心温まる人道の物語の主人公というだけでなく、いろいろな人が、いろいろなふうに、彼のことを考えているのです。ますます興味が湧き、いつか私なりの杉原千畝を書いてみたいと、心のどこかで考えるようになっていったのです。

また僭越《せんえつ》ですが、日本では「ユダヤ難民がかわいそうだから」「人道上の理由から」という答えが多いことにも、少なからず抵抗がありました。そこまで彼を突き動かした彼の心の根底にあるものを、私なりに見つけたいと思うようになったのです。

そして外国人、特にユダヤ系の方々が、彼をどう見ているのかの答えを見つけたいとも思ったのです。彼らとのやり取りは日本の方々よりも新鮮で、ユニークで面白く感じていたからでもあります。

本書は、いわゆる杉原千畝の〝人道の物語〟ではありません。彼と私と、私を取り巻く人々をめぐる物語とでもいいましょうか。

考えてみると、ある朝、窓を開けたら門の外に100名近いユダヤの難民がいた……そんなことが起きなかったら、杉原の人生は平和で平凡に終わったかもしれないのです。

私たちの人生も、あるとき突然、運命のときが来るかもしれません。といっても、個人個人によって決断の大きさがあることは申すまでもありません。しかし、そのときどう決断するか。それを考えるのは身の引き締まる思いですが、ごく自然に、自分なりの答えを出したいものです。

なぜなら私たちは、その答えを既にＤＮＡの中に持っているのではないでしょうか？

その僥倖《ぎょうこう》のときを、いささかの恐れを持ちながら待つためには、一日一日を大切に生きていかなければならないと、しみじみ思うこの頃です。

たぶん杉原千畝も、そういう生き方の人であったと思います。

2016年3月、杉原千畝の故郷・岐阜県八百津町にて

デュラン・れい子

◉目次

第三章　貧しさが恥ではなかった時代の「日本人」

第四章　人種差別をしない「日本人」

プロローグ～キュラソーから来た男

その男は、どこか変わっていた。

若いアーチストがたむろするアムステルダム中心のフォト・ギャラリーで、いつもソファーに座り込んで手巻きタバコをふかしていた。年齢は40代半ばというところだろうか。誰も彼の名前を知らなかった。

髪の色、目の色、肌の色からして、生粋《きっすい》のオランダ人ではない。しかしながら、旧植民地・カリブ海のスリナムからの移民で小さな町ができるほどのアムステルダムだから、スリナムの人たちなら私にも見分けがつく。しかしこの男は、スリナムぽくなかった。もちろんオランダ語はしゃべれたし、時々話す英語もかなり流暢《りゅうちょう》だ。

そのうち、スリナムの隣で、やはりオランダの旧植民地であった、カリブ海の島キュラソーからの人だという噂が広がった。

1979年、私が英国国際版画ビエンナーレで銅賞をいただき、現代美術のアーチストとして活動を始めたころの話である。当時のオランダは、オイルショックで、車が一台もない高速道路が連日テレビに映し出されていた。オランダ同様オイルショックの日本の光景が、突然登場したこともある。

スーパーでトイレットペーパーを買い占める日本人を見るのは、正直複雑な気持ちだったことを思い出す。

やがて男は〈キュラソーから来た男〉「Man from Curaçao Island」と呼ばれるようになっていった。しかし画廊に出入りする若い人たちの間に交じってひとり、誰とも話をせずポツンとソファーに座り込んでいるのは、いつも変わらなかった。

ある日、思いがけないことが起こった。

この男が大きな写真の紙焼きを持って現れたのだ。ちょうど畳1畳くらいの大きさで、アムステルダムの運河の周りの建物を撮ったものであった。居合わせた人たちは、一様に驚いた。彼がアーチストだとは、誰も思っていなかったからだ。

男は周りのことなどまったく気にせず、「この写真をパネルに張るにはどうしたらいいか？」と、盛んに画廊のオーナーに聞いている。そして「自分の作品を作りたいのだ」とハッキリ言ったとき、画廊の常連アーチストたちは、この男に親近感を持った。もちろん、私もそのひとりであった。

しかしながら、約1週間後、彼が再びそのパネルを持って意気揚々と画廊に現れたとき、皆は思わず目を見張った。16世紀のアムステルダムの運河の周りの建物をモノクロで撮った写真に、色鮮やかなピンクやブルー、毒々しいとも思えるような黄色で、一軒一軒の建物が色づけされていたのだ。それはちょうど第二次世界大戦直後の、手彩色の絵ハガキを思い起こさせた。

それにしても、日本の女の子が好きそうなピンク、ブルー、黄色。そんな色にアムステルダムの暗いレンガの街並みが塗られているのは、私にはピンと来ない。

「ふーん、何ていうタイトルなんだい？」

常連のプロの写真家が、ニヤニヤしながら男に尋ねる。

「キュラソー島への郷愁」

真面目に答える男。

その場にいたオランダ人や、オランダに長く住んでいる外国人たちは納得したようであるが、外国人の私が理解していないのを察した顔見知りのヤンが説明してくれた。

「レイコ、キュラソー島というのは、カリブ海の旧オランダ領スリナムの傍《そば》にある小さな島なんだ。そこの首都ウィレムスタットは、昔、スリナム同様オランダの植民地（今はオランダ王国の構成国）だったので、アムステルダムの建物をまねて町が造られたのさ」

ヤンは続ける。

「でも南国カリブの人たちは、こんなアムステルダムの暗いレンガの建物なんて気に入らなかったんだろう。だから外見を皆、こんなメルヘンチックな色に塗ってしまったのさ」

「ああ、それで！」

やっと納得がいった私は、こうヤンに尋ねる。

「つまり、彼は自分の故郷のキュラソーを思い出して、アムステルダムの建物の写真にカラフルな色を塗ったという訳ね？」

「そうさ、まあ、単純と言えば単純だけどね」

〈キュラソーから来た男〉は、周りの反応にはまるで無頓着だった。彼は自分の作品の中に自分の故郷を見出したのか、恍惚《こうこつ》とした表情をしている。


「さあ、さあ、もう画廊は閉めるよ」

オーナーが私たちをせっつく。

とはいっても、画廊を閉めてからオーナーと一緒に近くのバーで飲むのが、私たち常連の習慣だったので、皆ドヤドヤと外へ出る。

「Mr. Man from Curaçao Island, do you want with us?」

私は〈キュラソーから来た男〉に英語で尋ねた。なぜなら彼は皆と一緒に行っていいかどうか、躊躇《ちゅうちょ》しているようだったからだ。彼は大きくうなずく。そして、自分がそう呼ばれているのを初めて知ったようだ。

行きつけのバーに向かう道すがら、彼は「One day exhibition by the man from

Curaçao Island!（キュラソーから来た男の、1日だけの展覧会）」と陽気に叫んだ。一同、どっと笑う。彼が自分からこんなに積極的に話したのは、初めてのことだった。

作品を作ったからといって、すぐに個展が開けないのを、彼はわかっているようである。ヨーロッパには、日本のような貸画廊はない。個展は画廊が力を入れようとするアーチストのみ。期間1ヵ月、年10回きりである。非常に狭き門なのだ。

行きつけのバーでアルコールが入ると、その日の主役は〈キュラソーから来た男〉になった。彼は今までの寡黙な表情をガラリと変えて、カリブの陽気な中年男になり切っていた。〈キュラソーから来た男〉によると、ベネズエラに近いキュラソー島は、オランダのロイヤル・ダッチ・シェル社が進出して石油景気に沸いていたそうだ。しかしオイルショックで撤退。解雇された従業員たちは、アメリカへ出稼ぎに行く人たちが多かったという。

しかし、彼は中学生の娘ふたりと妻をキュラソー島に置いて、アムステルダムで働いて仕送りもしているという。とても写真作品を作るどころではないのだと問わず語りに語るのであった。

そして彼は、ポツリと言った。

「キュラソーは小さな島で、本当に何もない。画廊はあったけど、自分はそれほど興味はなかった。ましてやアーチストという職業があるなんて、キュラソーでは考えてもみなかったよ」

それから彼は、なぜアメリカでなく、アムステルダムに来たのか語り始めた。

「第二次世界大戦中、もしかしたらキュラソー島に、何千人ものユダヤ人が来るはずだったんだ。それには、こんな物語があるんだよ」

第二次世界大戦が始まった1939年、あっという間にアムステルダムはナチスに占領された。あのアンネ・フランク一家の物語が、まさにこのときであったのだ。

オランダ人たちはユダヤ人に対して、他のヨーロッパ諸国に比べて嫌悪感を持たなかったという。アンネ・フランクの一家を助けたのも、近所に住んでいたオランダ人たちである。

〈キュラソーから来た男〉は、一座を見回して座り直す。

「皆は、リトアニアという国を知っているかね？　バルト海の小さな国さ」

「レイコはリトアニア、知っているかい？」

ヤンが私に尋ねてくる。

「ええ、知っているわ。ジョナス・メカスの国でしょ？　それしか知らない」

「おお、よく知っているね。日本人は皆、知っているのかな？」

「そんなことないと思うわ。私は寺山修司のアンダーグラウンド・シアターで、ジョナス・

メカスの『リトアニアへの旅の追憶』を見て感動して、リトアニアってどこなのかな？　と思っていたの。国際結婚してオランダに住むようになったのだから、ぜひ行ってみたいわ」

〈キュラソーから来た男〉は、私の答えに満足したように話し始めた。

当時リトアニアの名誉総領事に、ヤン・ツバルテンディクというオランダ人がいたという。当時、ナチスはポーランドに手を伸ばしていたから、ポーランドにいたユダヤ人たちはホロコーストを恐れて中立国であったリトアニアに逃げ込んだ。

ヤン・ツバルテンディクはナチスに占領されてしまった本国オランダに帰ることができなかったが、リトアニアに逃げてきたユダヤ人を救おうと決心する。そして、あるユダヤ人が入れ知恵をしたという話があるが、彼はユダヤ人たちにキュラソー行きのビザを発行したという。

〈キュラソーから来た男〉は続ける。

「当時のキュラソーは、本当に何もない島だったんだよ。今だって、食料品さえ外国から輸入している国なんだ。当時は税関もなく、ビザなしで上陸できた。だから、キュラソー行きのビザを発行することは、ユダヤ人を救うことになったのさ」

〈キュラソーから来た男〉は、どんどん饒舌《じょうぜつ》になっていく。

気がつくと外国人の私のことを考えたのか、彼はオランダ語ではなく英語でしゃべってくれていた。オランダ人は、ほとんどの人が英語を流暢に話す。

ヤンが気合を入れる。

「へぇー、そのヤンって男、カッコイイこと、するじゃないか！　つまり、〝嘘も方便〟ってことだよね」

大きくうなずき、男は続ける。

「この話を知るまでの自分は、キュラソーの宗主国であったオランダが大嫌いだった。何もない、こんなちっぽけな島から石油が出るとなった途端に大勢押しかけてきて、上手くいかなくなったら放り投げる。それが植民地さ。でも、偶然、ヤン・ツバルテンディクのことを知って、こんな奴がオランダにもいたのかと思ったものさ」

「へぇー、そんなことがあったのか、知らなかった」

オランダ人アーチストたちが、身を乗り出す。

「オランダ人は、ユダヤ人に同情していたからね。さもありなんと思うよ」

もうひとりが相づちを打つ。

〈キュラソーから来た男〉は、満足そうに続ける。

「石油景気が冷え込み、職も失ってしまってどうしようかと考えたとき、俺は、一度オランダに行こうと思ったんだ。友達は皆アメリカへ行ったけどね。ああいう名誉総領事が生まれた国なんだから、まんざら悪い国でもなさそうな気がしたからね」

「あなたはユダヤ人？」

最年少のアナベラが、ティーン・エイジャーらしくズバリ尋ねる。

男は顔色も変えず、

「俺はユダヤではない。ただキュラソー島には、西半球では最古といわれるシナゴーグがあるけどね」

「シナゴーグ」とはユダヤ教の人たちの集会所・祈禱所である。建てられたのは17世紀で、12人のユダヤ人が建てたと伝えられているそうだ。

それから彼は、私に向かってこう尋ねる。

「レイコと言ったね？　日本人かい？　あんたは、オランダ人をどう思う？」

ひと呼吸おいて、私はこう答える。

「私は国際結婚して、オランダに住み始めました。でも、学生時代ロンドンに住んで、すごい人種差別を味わいました。オランダに人種差別が皆無とはいえないけど、当時のロンドンに比べたら全然ない。オランダ人はとてもヒューマンで、おおらかな気持ちを持っている人たちだと感じています」

皆が一斉に拍手してくれた。うれしくなった私はつけ加える。

「皆さんは日本のことを知らないでしょうけど、日本は220年間も国を閉ざしていました。鎖国といいます。中国や朝鮮との交易はありましたが、ヨーロッパの国とはおつき合いをしませんでした。でも当時、20人のオランダ人が長崎の小さな島で働いていました。日本はオランダとだけは、貿易でつき合っていたのです。

ヨーロッパの情報はオランダ公館からのみで、当時の日本人が学んだ外国語はオランダ語でした。英語ではありませんでした」

皆が私の話に聞き入ってくれた。日本にとってオランダは唯一のつき合いがあった欧米の国であるが、オランダにとって日本は、当時つき合いがあった多くの国々の中の一つに過ぎない。この辺が、日本人とオランダ人の相手の国に対する親近感の違いだと、その頃の私は感じ始めていた。

「なぜオランダだけだったの？」

またアナベラが、かわいい声で聞いてくる。

「それはね、オランダは貿易だけで、キリスト教を布教しようとしなかったから。オランダ人は商人に徹していたのです。今、私がオランダに住んで感じるのは、もしオランダ人でなかったら、こんなに長い間、うまくやってこられなかったのではないかと思います」

今度は、またまた大きな拍手が起きた。〈キュラソーから来た男〉も、満面の笑顔で拍手している。

私は彼に、こう尋ねる。

「それで、そのヤン・ツバルテンディクという名誉総領事は、その後、どうなったんですか？」

男は首を横に振るだけ。

「知らないね。俺も時間があったら調べたいけど、そのあと、どうしたんだろう。戦後までオランダには帰れなかっただろうね」

ヤンが、不思議そうに尋ねる。

「それでユダヤ人は、キュラソーに来たのかい？」

「さあ、どうだろう？　そこまで俺は知らないね」

皆が、息を飲む。〈キュラソーから来た男〉は続ける。

「たぶん彼らはキュラソー行きのビザをリトアニアのオランダ領事館からもらって、何らかのルートでアメリカかどこかに行ったんだと思うよ」

彼の話は、画廊の常連たちを感動させた。誰だって、自分の国の偉大な人物の話を聞くのは好きなものだ。

オーナーが快活に叫んだ。

「さあ、キュラソーの酒で乾杯！」

キュラソーを飲んだのは、私にとって初めてであった。オレンジの甘い香りがする。ヤンが「コアントローと同じようなものだ」と教えてくれた。

「オランダに乾杯！」

〈キュラソーから来た男〉が、ブルーのキュラソーのグラスを掲げる。

「オランダに乾杯！」

私たちも大きな声で、唱和する。

「この国に住む幸せを！」

１９７０年代、日本でまったく認められなかった私のアート作品を認めてくれた国。外国人というハンディをまったく感じないで、アーチストとしての活動が始められた国。

それにしても、この国の先人であるリトアニア名誉総領事ヤン・ツバルテンディクとは、どんな人だったのだろう？　そして、バルト海に面したバルト三国の一つ、リトアニアという国。あのジョナス・メカスの国だ。

１９７９年、当時の私は、まだ杉原千畝の名前さえ知らなかった。

第一章　ユダヤ人への偏見がなかった「日本人」

イザヤ・ベンダサンをめぐって

1970年代、『日本人とユダヤ人』という本が300万部の大ベストセラーになった。「ユダヤ人」という言葉が日本人に身近に感じられるようになったのは、まさにこの一冊からだったと思う。当時、この本の著者・イザヤ・ベンダサンが何者なのか、実在の人物なのか、それとも訳者・山本七平なのかということは議論されていなかった。

ちょうどそのころ、英国国際版画ビエンナーレで銅賞をいただき、オランダでアーチストとして活動し始めた私に、ロンドンから電話があった。日本びいきの版画家・ベーギット・ショールドからで、来英する版画家・野田哲也氏の歓迎パーティを開くというのだ。木版画を現代的に生かした野田氏は憧れの先輩であったので、さっそくロンドンへ向かう。

その夜、イスラエル人の奥様と可愛い男の子と一緒に現れた野田氏は、イザヤ・ベンダサンの話でパーティの中心となっていらしたことを思い出す。

「山本七平さんは『イザヤ・ベンダサンは実在の人物だ』とおっしゃるんですよ。例えば『この間、イザヤ・ベンダサン氏に会ったら、こう言っていた』とか、お話しになるのです。本当は、ご自分が書かれたのだと思いますけど。いやー、面白い方です」

日本通の外国人版画家たち（木版画に興味のある人は、だいたい皆そうだが）は、野田氏のユーモアたっぷりの話に興味しんしんの様子。

野田氏は流暢な英語で、こう続ける。

「イザヤ・ベンダサンというのは、不思議な名前です。『ベン』は『息子』、ダサンは聖書の中にも出てこないと思われますが、『サタン』には『悪魔』という意味もあるから、そこから思いついたのかも」

当時、国際結婚のために日本を離れて1年過ぎていた私にとっては、たいへん貴重な日本の情報だったので、ワクワクして聞いていたことを思い出す。

野田氏の奥様ドリットさんは駐日イスラエル大使のご長女で、芸大で野田氏と知り合って結婚された。そのとき、野田氏が儀式にならってユダヤ教徒になった話も、日本のアーチスト仲間から聞いていた。たしか当時の作品『Diary Siries』の中に、ユダヤ教徒の丸いペタンとしたキッパと呼ばれる帽子を被った写真を使った作品があった、と記憶している。

こんな野田氏であったから、誰もがその話に惹きつけられたのである。

それにしても山本七平氏は、ほんとうにユニークな方だと思う。まずイザヤ・ベンダサンという名前を考え出されたことが、何ともすばらしい。

当時は、この本はユダヤ人によって書かれ、山本七平氏は翻訳家だと誰もが思っていた。

また、この『日本人とユダヤ人』をきっかけに『日本人と○○人』という本がたくさん出され、〝日本人論〟ブームが起きていったと、日本の友人から聞いていたものだ。

「日本人は、安全と水は無料で手に入ると思いこんでいる」という『日本人とユダヤ人』の切り口は、日本人とユダヤ人は対極にある国民・民族、ということになるのであろうが、一方で、その共通性を指摘する本も出されたと記憶している。

ところで今は、イザヤ・ベンダサンが日本人の山本七平氏であることは、よく知られている。また、そのペンネームの意味が広く知られるようになったのは、この1冊であったことを、帰国して最近私は知った。

最近のペンネームで一番、秀逸なのはかの有名なイザヤ・ベンダサン氏であろう。ベンダサン氏が何者であるかは未だに確定していないようだが、私は私なりに一人の日本人を考えている。そしてイザヤ・ベンダサンは筆名であると考えている。

イザヤ・ベンダサンは風雅な愉快な筆名だ。日本のジャーナリストの誰も気づいていないが、これは「いざや、便、出さん」をもじったものだからである。

（遠藤周作著『ぐうたら人間学』講談社）

最初に出会う『ベニスの商人』

私が「ユダヤ人」という言葉と初めて巡り合ったのは小学校のとき。子ども図書館で読んだシェイクスピアの『ベニスの商人』である。

戦後、東京・港区芝にできた子ども図書館。私は小学3年生であった。

夏休み、毎日、乃木神社から都電に乗って通った。貸し出しはしてくれなかったが、全部の本を夏休み中に読み終えたことを思い出す。東京で初めて（日本で初めてかもしれない）の子ども図書館で、また戦後すぐのことでもあり大した蔵書量がなかったということでもあろう。そのため夏休みの水泳教室を欠席したので、いまだもって私はカナヅチである。

ベニスの裕福な商人アントーニオは、ユダヤ人の金貸しシャイロックが大嫌いで、軽蔑していた。シャイロックはアントーニオを恨んでいたが、あるときアントーニオは親友バッサーニオのために3000ダカットのお金を3ヵ月間用立てしなくてはならなくなり、シャイロックに頼む。

シャイロックは了解するが、こんな提案をする。

「ほんのおふざけで、こう書いた借用証書にサインしてほしいのです。もし三か月たって、あんたが借金を払えなかったら、わしは、あんたの肉一ポンドを、わしの好きな場所から切りとる権利がある、と。」

バッサーニオの反対を押し切り、アントーニオは借用証書にサインしてしまう。

しかし、ほどなくアントーニオの船の何隻かが難破したという知らせが入る。アントーニオは破産し、シャイロックは裁判官を務めるベニスの公爵に、借用書に書かれていることを実行するよう求め、法廷で裁判が開かれる。そこへ、バッサーニオと結婚したばかりのポーシャが変装して、高名な法律家の紹介状を持って現れたので、公爵はポーシャ扮する裁判官に法廷を任せる。

ポーシャはシャイロックに「アントーニオは今2倍にしても払うと言っているのだから、慈悲を持て」と言うが、「わしは肉をいただきます」というのが、シャイロックの返事だった。

「わぁー、ユダヤ人ってヒドイ！　しつこい！」というのが、小学3年生のユダヤ人への第一印象でありました。

英国でも嫌われていたユダヤ人

「なにかいうことがあるか？」

ポーシャはアントーニオにたずねた。

「ほとんどありません。」と、アントーニオは答えた。「用意はととのっています。」

「法廷は、アントーニオの肉一ポンドをそなたにあたえよう。」

ポーシャは、金貸しにむかっていった。

「このうえなく正しいお裁きだ！」と、シャイロックがさけんだ。「判決が出た。さあ、用意をしろ。」

「ちょっと待て。この借用証書は、アントーニオの肉のことのみ書いてあり、その血の権利はそなたにはないぞ。であるからして、もし一滴でも血を流せば、そなたの財産は国に没収されることとなろう。それが法律というものだ。」

こうして、めでたし、めでたしとなるのであるが、金貸しユダヤ人シャイロックのイメージは、たぶんイラストの効果もあったと思うが、小学3年生には強烈であったことを思い出す。

ところで、引用したのは、昔読んだ本を調べたいと図書館で探して出会った、講談社『少年少女世界文学館』第3巻『ロミオとジュリエット』に収められている「ベニスの商人」である。

「私が覚えている話と少し違うな」と思いながら読んでいく。たしか小学生のときの記憶では、ポーシャはボローニャから来た裁判官と私は覚えていたのだ。

今回この本を読んで面白かったのは、訳者の八木田宜子さんが書いていらっしゃる「解説」である。

これは、シェイクスピアの再話作品であった。特に子どもを意識してやさしく書き直したイギリスの児童文学者E・ネズビットの『シェイクスピア物語』で、つまりシェイクスピアの作品をそのまま翻訳したものでなく、ネズビットが自分の視点で書いているわけだ。

だから、その解説には、こう書かれている。

また、『ベニスの商人』の原文には、ユダヤ人に対するひどい差別感がうかがえますが、穏健な社会主義者でもあったネズビットは、ユダヤ人問題をほとんどはぶいてしまいました。私はネズビットの態度を正しいと思いますので、彼女の文をそのまま翻訳してあります。

これでわかることは、16～17世紀というシェイクスピアの時代は、イギリスでもユダヤ人が相当嫌われていたということである。

杉原千畝の時代のイギリスは、ドイツに比べるとユダヤ人への偏見が少なかったと思っていたが、シェイクスピアの時代とは変わったのであろうか。

また一つ、私の中に疑問が生まれた。

そしてまた今、杉原千畝を書きながら、改めて知る情報である。

ヨーロッパ人が見たユダヤ人

さて、長くヨーロッパに住むと、いや応なくユダヤ人を意識し始める。日常会話でよく、「あの人、ユダヤ人よ」と小さな声でささやかれることがあった。

また、ユダヤ人のファミリーネームは、最後にmanがつく人が多い。カウフマン、アイヒマンなどである。そのためユダヤ系ではないけれどmanのつく名字を持つスウェーデン国籍の友人は、「うちの名前はmanがつくけれど、ユダヤとは関係ない。ユダヤ人だと思われるのは心外だ！」と、いつも言ってたっけ。

また、1970年代のロンドン、サウス・ケンジントンにあったポーランド料理店。キッチンではお母さんが、ひとりで大奮闘していた。ウエイトレスは、年頃の娘さん。しかしお父さんは、いつもレジにポツンと座って憂鬱な顔をしていたっけ。

私は日本人の親友のサチコさんと、お金があるときだけ、そのレストランに行った。当時のロンドンはおいしい店がなく、レストランといえば高いフランス料理になってしまったものだ。ポーランド料理は何か日本料理に通じるところがあったため、日本人の私たちにはリーズナブルな家庭の味が楽しめたのだ。

あるとき、サチコさんが声をひそめて、私にこうささやく。

「レイコ、見てごらん。キッチンの、あのお母さん、いつも首にかけていたペンダントがなくなっている！」

宝石デザイナーを目指してロンドンで3年も勉強していた、サチコさんならではの目のつけどころであった。私はまったく気づかなかったのだ。

私たちは日本語で、ささやき合う。

「あのすごい何とかいう高価な石のペンダントよね？」

「きっと、あれ、売ったのよ」

そのとき私は、「ユダヤの人々はいつでも逃げられるように、金目のものはいつも身につけている」とサチコさんから聞いたことを思い出した。たぶん、このポーランドの家族も、祖国では相当の暮らしをしていた人たちなのだろう。

お母さんのペンダントはなくなったが、金のネックレス、指輪、ブレスレット、娘さんも指輪など、全財産を身につけていたことを思い出す。

〝ユダヤ・ビジネス〟を知る

1980年代、私はアート・コーディネーターとして、ヨーロッパ、アメリカと日本を行き来していた。自分が好きな、そして日本で知られていないマイナーなアーチストを紹介し、展覧会などを通じてプロモートする仕事である。

中でもいちばん思い出があるのが「ヘルムート・ニュートン・ポートレート展」。この展覧会は1989年、都立庭園美術館を皮切りに全国5つの美術館を巡回した。

ヘルムート・ニュートンはファッション写真家として、私がコピーライターとして働いていた若いころから雑誌『ELLE』などで活躍していたが、70歳を過ぎてから有名人のポートレートを撮り出したのだ。その中には、2メートル×2メートルのビッグ・ヌードも5〜6点含まれており、ヨーロッパのマスコミでは大きく取り上げられていた。新分野へ挑戦する、彼の転機ともなる展覧会であったのである。

私の仕事はヨーロッパの友人の友人であったヘルムート・ニュートンと会って、日本への展覧会を企画し、東京の庭園美術館とつなぐこと。最終的な契約は庭園美術館と作品を持っているボン美術館ということになるのであるが、まずはヨーロッパ・ビジネスの常として、本人が私のことを信用しなかったら何も始まらない。全部お膳立てができてから、日本の美術館と本人との契約になるわけである。

話がかなり進み、日本の美術館との打ち合わせが始まったころ、親しいオランダ人の友達のミーケが電話をかけてきた。

「レイコ、あなた、ヘルムート・ニュートン展をやるんだって？」

「そうよ、来年の春、東京で、という話になっているわ」

「知ってるの？　彼、ユダヤ人よ」

彼女の口調が荒くなったので、驚く私。

「それがどうしたの？　ユダヤ人のアーチストなんて、珍しくないじゃない？　優秀なアーチストは、ほとんどユダヤ人でしょ？」

「それはそうだけど、彼のエージェントもユダヤ人。やり手で有名だわ。あなた、大丈夫？」

「だって、本人がいいと言っているんだから」

「そうかな？　危ないな。日本人はお人よしだからね。レイコも例外じゃないわ。それに作品を持っているのは彼ではなく、ボン美術館でしょ？　ヘルムート本人から借りるわけじゃないんでしょ？」

「そうよ、美術館同士の契約ということになって、作品はボンの美術館から来ることになっている。両者をつなげるのが、私の仕事」

ミーケは、ひと呼吸おいて、

「レイコ、あなた、ボン美術館の館長に会った？」

「まだ会ってないわ。だって美術館と契約するのは東京の庭園美術館だから、私は会うことはないと思っていたけど」

彼女はため息をつき、ことさら明るく言った。

「まあ、上手くいけばいいけど。ねぇ、レイコ、ちゃんと頭に入れてね。友人としての忠告よ。アーチストも、エージェントも、美術館の館長も、すべてユダヤ人。わかった？　じゃ、グッド・ラック！」

電話は切れた。モーレッツ〝ユダヤ人３人組〟VSお人好し日本人、そう彼女は言いたいのだ。

そのときは「何がグッド・ラックだ！」と思ったが、まったくアンラッキーな経過になってしまった。

契約ギリギリでの大クレーム

問題は、ボン美術館と庭園美術館が契約するときに起きた。

契約書のドラフト（草稿）が交換され、庭園美術館は今までの経験から、ヨーロッパの他の美術館との契約書とほぼ同じものを送ったと言っていた。日本で初めての「ヘルムート・ニュートン・ポートレート展」に、学芸員も張り切っていた。

ユダヤ人ビジネスの凄まじさを味わうのは、このときであった。

「レイコさん、大変です！　ボン美術館からクレームが入ったんです、庭園美術館は所蔵品を持っていないから美術館ではない……と」

「一体どういうことですか？　もうカタログの校正も済んだのに」

さっそく作戦会議。いつもは穏やかな学芸員のＳさんが怒りをあらわにする。

「今まで庭園美術館は、世界中の国の美術館と契約を結んできましたが、こんなことを言われたことはありません」

「それじゃあ、まずパブリシティをストップしなきゃ！」

「契約書のドラフトを送ったのは、かれこれ1ヵ月前なんですよ。何も返事を寄こさないで、今ごろギリギリになって『貴館は日本では美術館という名称になっているが、所蔵品がないからヨーロッパでは美術館とは呼ばない』と言い出した。つまり所蔵品がないから美術館ではなく、ギャラリーだということです」

「それで？」

「つまり、ボン美術館は美術館としか契約しない、それが建て前なんだそうです」

あ然とする。

「何よ、いまさら！」

事情を聞けば聞くほど、学芸員氏の怒りが私に乗り移る。

「私も、もっと早くボン美術館の館長と会っておくべきでしたね。アーチスト本人がいいと言っているのだから大丈夫、と思ったのが甘かった。さっそく明日の夜発って、ボンに行ってきます。直接話すしか、もう仕方ありません」

「大丈夫ですかね？　このプロジェクトがボツになったら、今までの経費が全部レイコさんの会社の負担になりますよ。もちろんこちらも、穴埋めを考えないと」

「悪いことを考えるより、前向きに行きましょう。これを実現させる、それを私はやりたいのです。そうすれば、皆、万々歳になるじゃないですか」

さっそくボン行きの飛行機を手配。「帰りは？」と聞かれて、1泊して帰る予約を入れる。慌ててアドバイザーをしてくださる写真家協会の先生方と会食、ざっと事情を説明。翌朝早くカタログを校了、プレス・リリースをチェックして、機上の人となった。

1泊2日東京↔ボン、トンボ返り

最終のパリ行き、朝5時パリ着。フランクフルト行きに乗り換える。

それからは汽車しかない。汽車で1時間半くらいであるが、あえてボン美術館には連絡しない。たぶん私が行くことを知ったら、館長は会わないだろうから。

駅から歩いて10分くらいのボン美術館は、思っていたより小さな建物であった。受付で尋ねると、館長は不在。

「お待ちになりますか?」と聞かれて、いいも悪いもない。「もちろん」と答えると、応接室がないのでと、学芸員室のコーナーのソファーに通される。ソファーに座り、今までの書類をチェックする。

学芸員のひとりがコーヒーを淹れてくれる。

「東京からの直行便で、今朝フランクフルトに着いて、ここに来ました」

そう言うと、彼女は驚きながら「お疲れでしょうね」と言ってくれた。

「いいえ、昨夜《ゆうべ》飛行機の中で眠りましたから大丈夫です。コーヒー、ありがとうございます」

ほっとしながら、コーヒーカップを手に見回すと、学芸員3人が、次の展覧会のポスターを国内の美術館や画廊に送る仕事で大忙しだ。ポスターをクルクルと丸め、紙筒に入れ、シールを貼る。その単純作業を繰り返している。

ところが日本人の目から見ると、何とモタモタしていることか! 日本人が器用過ぎるのかもしれないが、見ているとイライラしてくる。手持ち無沙汰で館長を待っていた私は、こう声をかける。

「すみません。ここでポケッと待っているのはつまらないので、もしよろしかったら、ポスターを送る仕事、お手伝いさせていただけませんか? 日本でやっていましたから、私、と

って も上手なんです」

学芸員の表情に変化が表れる。えっ、こんな単純な仕事を引き受けてくれるの？　という顔である。すばやく席を立って彼女たちのデスクに行き、ポスターを一枚ずつクルクルと丸め、段ボールの筒にポンと入れる。

「すごく速くできる！　どうして？」

どうしてと言われても困る。日本人は指先が器用なのだ。

「本当に手伝ってくださいますか？　助かります。私たちは他の仕事をやらなくてはいけないので」

「もちろんです、もちろんです。ご心配なく」

そして、クルクル、ポン、クルクル、ポンと5〜6枚繰り返しているうちに、皆の顔が明るくなる。

そうして私は、午前中いっぱいクルクル、ポン、クルクル、ポンを繰り返した。

「そろそろランチタイムです」

チーフの学芸員が私に声をかけた。

「でも、館長が……」と言う私に、彼女はニッコリして、

「ごめんなさい。たった今、電話があったので、あなたのことを伝えました。午後3時以

降、今日の予定を連絡するそうです」

駅前でお昼を食べ3時に帰ったが、連絡はない。引き続きクルクル、ポン、クルクル、ポンを繰り返し、5時近くになって学芸員氏が現れた。

「すみません。館長は今日は来られないそうです」

「では、明日は？」

「それが、朝にならないとわからないそうです」

「では、明日、また朝いちばんにまいります。そう伝えてください」

学芸員氏は、

「あなたの考えていることはわかります。けれども……」

暗に保証はできないというニュアンスである。

私は彼女に、「このポスターは明日の朝、私が終わらせます。じゃ、また明日の朝」と言って美術館を出たのであった。

翌朝、ボン美術館に着く。館長は11時ごろに来るという。それまでの私は、クルクル、ポン、クルクル、ポンを繰り返し、学芸員3人で二日がかりという仕事をひとりで終わらせてしまった。

ボン美術館での闘い

11時。大きな机の向こうに、館長がいた。冷たい表情である。

英語で自己紹介をし、私の考えを伝える。

「庭園美術館が所蔵品がないと言われますが、日本の美術館では、よくある話です。日本の美術館の考え方とヨーロッパの美術館の考え方が違うと思います。世界は広い。日本の美術館の概念を、おわかりいただきたいと思います」

彼は言い負かされるのが嫌なのであろう。いっそう冷たい表情になる。

さらに、私は突っ込む。

「では、テート・ギャラリーは？　ギャラリーという名がありながら、所蔵品があります。あなたは『ヨーロッパでは』とおっしゃるが、このイギリスの例をどうお考えになりますか？」

館長は私が強気なのを見て面倒くさいと思ったのか、目の前の電話を取り上げ、ダイヤルしながら私に言う。

「では、当館の弁護士と話しなさい。彼は英語ができる」

相手が出るとドイツ語で概略を告げ、私に受話器を差し出す。

私は英語で自己紹介し、弁護士と話す。

「私は、このプロジェクトに2年以上かかわってきました。今、日本には、ヘルムート・ニュートンの作品を観たいという人がたくさんいます。2年間かけて準備をし、日本の5つの美術館の巡回展が決まっています」

それから館長と話したことを、繰り返す。

弁護士は感情をまったく交じえず、淡々と答える。

「わかった、問題ない。美術館の概念は国によっても違うかもしれない。あなたが言うテート・ギャラリーの件も含め、ヨーロッパと日本では違いがあるようだ」

受話器に向かって、私は思わずお辞儀しそうになる。

「ありがとうございます。東京ではもうカタログの印刷ができています。これでイエスの答えを持って帰れなかったら、どうなることか！　ありがとうございました！」

それから、受話器を館長に渡す。

ふたりはドイツ語で話していたが、電話を切った館長は、

「わかった。あなたは目的を達した」

そう言って、今度は向こうから握手の手を出してくる。しかし、その目は笑っていない。

「ありがとうございました。近々東京のオープニングで、お会いしましょう」

「よかったね」「よかったね」と言ってくれる女性学芸員たちに見送られて館をあとにした私は、ウキウキしていた。

フランクフルトを発ち、またパリで乗り換えると、エール・フランスの機内で、日本人キャビンアテンダントが私に声をかけた。

「あら、お客様。たしか来るときにも、乗っていらっしゃいましたよね？」

「ええ、私もあなたのことを覚えていますよ」

「私たちは仕事ですから、いつも1泊したら帰るんですけど。大変なお仕事みたいですね」

そう言って、彼女はニッコリしてくれた。

浅野内匠頭の〝畳替えさわぎ〟

日本に帰ると皆大喜びしてくれて、またプロジェクトは再開した。

しかし1週間のブランクが生じてしまったので、パブリシティが間に合わない。

当日、入館者が来なかったらどうしよう！　次の悩みが持ち上がる。本来だったら、もうポスターが写真関係の画廊などに貼られていてもいいときなのだ。

思いついてアルバイトの若い人たちを集め、日本中のプロの写真家に電話を掛ける。

「あのヘルムート・ニュートンの写真が、東京で見られるんです！　ぜひ、いらしてください」

「最新作の作品・ポートレートの中身は、2メートル×2メートルのビッグ・ヌードです！」

「それが、かつて皇族のお屋敷だったアール・デコの庭園美術館の中に並ぶんです！」

ヘルムート・ニュートンの名前を知っているプロの写真家たちの反応は、すこぶる良かった。だが当日、何人来てくれるか？　あの意地悪なボン美術館館長がオープニングに来てガランとした会場を見たら、どんな皮肉を言われるかわかったものではない。

ルフトハンザ機で作品の大きな木箱が到着したのは、開催日の5日前。すぐ緊急通関をして美術館にトラックで運ぶ。木の頑丈な箱は額縁に入った写真が一枚一枚入れられるように区切られていて、さすがカッチリしたドイツ・スピリットだと皆で話していたが、試しに1枚取り出して驚く。

なんと！　黒い額縁の角が欠けたり、ヒビが入っていたり！　こんな汚い額縁は、とても日本ではお客様に見せられない。たぶん何ヵ所ものドイツ国内の美術館を回る巡回展で戻ってきたものを、そのまま額を替えずに日本へ送りつけたのだろう。

同じような額をなるべく安く早く作ってくれる額縁屋さんを、全員必死で探す。あちこち電話を掛けまわり、3日前から額縁の交換が始まる。

悔しいのと、念のためにと、ボン美術館にファックスを送りつけて「あまりにも額縁が汚いので取り替えるが、古い額縁は捨ててもいいか？」と念を押す。もちろん「ＯＫ」の答えは返ってきたが、そもそもあんな額縁を使えというのだろうか？

時間がないからだったのかもしれないが、弁護士とやりとりで開催が決まったことへの仕返しのような気がしてならない。深夜の美術館で額縁替えをしながら、スタッフたちと「浅野内匠頭の畳替えだね」などと笑い合う。

終わったと思ったら追い討ち！

オープニング当日、朝早くから美術館に行って、オープニング・セレモニーの準備をする。

やはりボン美術館の館長は来ない。代わりに、あのとき世話になったチーフの女性学芸員が来日。ホテルに会いに行って驚く。

彼女は黒いスーツに白いブラウスという何ともはや地味な格好。ヘルムート・ニュートンと奥さんが派手な身なりで現れることを想像していた私は、着物でキメようと思っていたので、大いに慌てる。すぐにゲストであるドイツの女性学芸員にふさわしいワンピースを持ってくるよう、母に電話をする。

さて、入館者の状況はというと、プロの写真家への電話が効いたのか、開館を待つ人たちが長い列を作り、目黒駅まで続いているという。

「ヘルムート・ニュートン・ポートレート展」は大成功であった。

ところが、ほっとひと息ついた直後だった。ヘルムート・ニュートンのエージェントから、ファックスが入ったのだ。

「あなたがもし、ニュートンの日本における総代理権を取ろうと思ったら、150万ドル（1億8000万円）必要です」

このプロジェクトに私は時間もお金も使った。だが、この先、この〝ユダヤ人3人組〟と仕事する気はサラサラなかった。展覧会だけ成功すれば、それでいいと思っていた。

そこで深夜、ひと気のない事務所でタイプで返事を打ち始める。

ところが150万ドルと打つときに、1500万ドルとゼロを一つ多く入れてしまった。

修正しようと思ったが、修正液が見当たらない。

えい、面倒くさいと、このまま送ることにする。

「ファックス、ありがとうございました。私はヘルムート・ニュートンの日本総代理権にはまったく興味がありません。なぜなら私は、1500万ドル以下の仕事をやる気はないからです」

どうせこれから会うこともない人だ。そう思ってファックスのボタンを押す。

ああ、これで終わった！　これで〝ユダヤ人3人組〟に勝った！

心の中で思った瞬間であった。

契約書なしが〝紳士の契約〟

契約に厳しいユダヤ人の話は、さんざんヘルムート・ニュートン展で味わった。しかし、契約書なしでもビジネスが始まるのも、これまたユダヤ人の大きな特徴であることを知ったのは、それからしばらくしてのことであった。

アートの業界は、99パーセントがユダヤ人だといわれる。あまりにもひどい経験をヘルムート・ニュートン展でした私は、なるべくユダヤ人とは一緒に仕事はしたくないなと考えるようになっていった。

しかしながら、フランス絵画一辺倒であった日本の展覧会に、イタリアの絵画を持ち込みたいという気持ちは私の中でどんどん強くなり、イタリアのある大手の画廊と接触することになった。もちろんユダヤ系、総計で日本円にして100億円近い作品が送られてくることになったのである。それは私が今までやっていた写真の展覧会とは、まったく違う規模と金額であった。

画廊のオーナーは、開催者が保険だけ持ってくれればＯＫという。

つまり私は何のリスクもなく、展覧会ができるらしい。できるらしいというのは、私の気持ちの中には、「ユダヤ人がそんな甘いビジネスをやるかしら？」「私も保証金とか何かを要求されるんじゃないか？」という気持ちがあったからである。

とうとう明日日本に帰るという日のランチタイム、レストランで食事をしながら思い切って聞いてみる。

「それで、契約は、どうなるんでしょうか？」

オーナーは太った体を震わせて、豪快に笑った。

「ノー・コントラクト　イズ　ジェントルマンズ　コントラクト（契約書なしが紳士の契約）」

思わず息を呑む私。

この言葉はイギリス、オランダ、北欧などではよく言われる。しかし、イタリアでは聞いたことがない。私の気持ちを見抜いたかのように、オーナーは笑いながら続ける。

「契約したって仕方がない。レイコが作品を全部持って、ブラジルへでも高飛びしてしまったら、結局同じだよ」

私はハッとする。確かにそうだ。契約したって守らなかったら、それまでの話ではないか。契約とは紙切れにすぎない。そのとき初めて、「ノー・コントラクト　イズ　ジェント

ルマンズ　コントラクト」という言葉が理解できた。
そしてユダヤの人たちのビジネスには、こういう側面があることをしみじみ味わったのである。ビジネスは、個人と個人のつながりでやるものなのだ。そういうユダヤ人がいるということがわかっただけでも、私にとっては人生の収穫だったといってよい。

湘南の貝がらで億万長者に！

ふたりのユダヤ人が明治天皇から旭日大綬章を受けているのを、ご存じであろうか？

ひとりは日清戦争で日本に貢献したマーカス・サミュエル。もうひとりは、日露戦争で高橋是清を通じて日本の多額の外債を買い取った、ジェイコブ・ヘンリー・シフ。

マーカス・サミュエルは、1853年、ロンドンで貧しい行商人の子どもとして生まれた。彼は幼いころから利発であったが、学校になじむことができず、父親の仕事を手伝っていた。父親は雑貨を積んだ荷車を押してロンドンで売り歩き、貧しい収入の中から息子のために、アジアへ向かう船の切符を買い与える。

1872年（明治5年）、18歳のサミュエルはロンドン港を出発する三等船室の人となり、新天地へ向かう。最後の港、横浜で下りたが、その懐には5ポンドしか持っていなかったという。

ひとり横浜から歩いてたどり着いた、湘南海岸。そこで彼は、日本人が食べた後の大量の貝がらが海辺に捨てられているのを見つける。彼の頭にアイデアがひらめいた。さっそく彼は日本人の職人に貝がらの内側に漆を塗らせて、ピアノの上などに置く小物入れや煙草入れを作り始めたのである。

その見本をロンドンの父親に送ると、父親は大喜びで自分の行商車に載せて売ると、大いに売れた。当時のロンドンでは、東洋趣味が流行っていたのである。

こうしてサミュエルは、1876年（明治9年）、横浜で「サミュエル商会」を創業。次々と拡張していった。まず彼が目をつけたのは、灯油である。当時の日本では、暖房は炭のみ。油を使ったランプができたものの、菜種油が中心であった。そこで彼は灯油を日本で売ろうと考えたのである。

この成功に乗ってサミュエルは、船そのものを大きな石油缶にするという発想を思いつく。世界最初のタンカーの誕生である。排水量は4200トン、名前は「ミュレックス」。日本語のアッキガイ。自分が湘南の浜で拾った貝を忘れまいと、この名前をつけたのである。

こうして彼は、シェル運輸交易会社を設立。今、シェル石油のガソリンスタンドにある貝がらのマークを、ご存じの方も多いと思う。彼はここでも貝をマークにしたのである。苦しいときを忘れないユダヤ人の心、それが彼の根本なのであろう。

その後、彼はインドネシアで油田を掘り当て、〝ヨーロッパのロックフェラー〟と呼ばれるようになるが、そのスタートは日本だったのである。

日清戦争を応援したユダヤ人

１８９７年（明治30年）、サミュエルがシェル運輸交易会社を設立した年、日本は銀本位制度から金本位制度に切りかえる。１４５０万イギリスポンドという金額で、日本政府は、公債の販売を彼に依頼する。ということは、彼が日本政府からよほどの信頼を受けていたことになる。

また、その3年前、日本は日清戦争に突入。当時、「眠れる獅子」と呼ばれた清国を破った日本は、いちやく世界から注目された。サミュエルは日本軍に食糧、石油、兵器、軍需物資を供給する。

戦後は、日本が清国から台湾を割譲されて領有するようになると、日本政府から台湾の樟脳の開発を引き受けるかたわら、「阿片公社」の経営に携わる。当時の台湾には、イギリスのアヘン戦争の影響で、中国本土と同様アヘン中毒患者が多かったのである。日本の総統府はアヘンを吸うことをすぐに禁じると、かえって密売するようになると懸念して、阿片公社をつくって、中毒患者を減らすという現実的な施策をとった。

これらの功績により、サミュエルは明治天皇から旭日大綬章を授けられている。

その後、サミュエルは故郷イギリスに帰る。ここでもロンドンの不動産に投資するなどして莫大な富を築き、ユダヤ人の立志伝中の人物としてトップであった。

1902年には、ロンドン市長に就任。ユダヤ系イギリス人としては、史上5人目であった。

サミュエルは古式豊かなロンドン市長の衣装を着て、市長の象徴である黄金の首飾りをし、市内をパレードした。馬車は、これまた黄金のオープンカーで、6頭の白馬に引かれていた。

その就任式でサミュエルが行った、ロンドン市長として前代未聞のことが二つある。

ひとつは、自分の出身地であるロンドンの貧しいユダヤ人地区イースト・エンドをパレードしてから、ロンドン中心街に向かったこと。そしてもうひとつは、この豪華絢爛たる馬車に同乗を依頼したのが、当時の駐英日本公使・林董《ただす》であったことである。

この年、日英同盟が結ばれたとはいえ、大使ではなく公使であったのは、まだ当時の日本が大使を置くまでの大国になっていなかったからである。これはまったく異例のことで、イギリス人だけでなく世界中の人を驚かせたが、これこそ、サミュエルがどれだけ日本を愛していたかの証明とも言えるであろう。

大の日本びいきだったサミュエル

ドナルド・キーン氏といえば、長年日本文学を世界に紹介してきた方である。２０１１年東日本大震災のあと、日本国籍を取得されたことは、記憶に新しい方も多いに違いない。

同氏は、その著書の中で日清戦争の意義を強調してこられた。日清戦争で日本は国際化の第一歩を踏み出した、というのである。当時の日本人を描いた『坂の上の雲』などで知られる司馬遼太郎氏との対談は、当時の日本の若者とイメージが重なりあって、何ともいいがたい。「良き時代であった」と、いうことであろうか。

サミュエルもまた、この時代の日本の雰囲気を愛していたのであろう。彼の日本びいきは、周囲の人を驚かせていったという。

サミュエルには、日本の値打ちがわかっていた。

サミュエルは「どうして、それほどまでに、日本が好きなのか？」という質問に対して、「中国人には表裏があるが、日本人は正直だ。日本は安定しているが、中国は腐りきっている。日本人は約束を、かならず守る。中国人はいつも変節を繰り返している。したがって日本には未来があるが、中国にはない」と、答えた。

このサミュエルの発言は、ユダヤ人と日本人のあいだに、お互いに響きあうものがあることを示している。国民性が、よく似ているのだ。

（ラビ・M・トケイヤー著、加瀬英明訳『ユダヤ製国家日本』徳間書店）

当時の日本は、アジア・アフリカの国々の中で例外であった。いちばんよく表れるのが識字率であり、世界で義務教育を始めたのは、フランスに次いで日本が二番目である（1886年・明治19年）。

これは江戸時代から武士やその子どもたちは藩校へ行き、また、庶民の子どもたちも寺子屋などで勉強をし、読み・書き・ソロバンを習っていたということにも由来するであろうが、サミュエルは日本の武士道に注目している。ユダヤ教の教え「タルムード」と日本の「武士道」には相通じるものがあるというのだ。ユダヤ教では子どもたちは幼いころから、「タルムード」を教えられて育つという。

サミュエルは、また、こうも言っている。

ユダヤ人はユダヤ教による〝戒律の人〟だ。そこで正直であり、約束をかならず守る。日本と相通ずるものがあるのだ。

日本人はユダヤ教のかわりに、武士道によって精神が律せられてきた。武士道の精神は、武士だけではなく、商人、農民、職人のあいだにも、浸透していた。

（『ユダヤ製国家日本』）


これはいみじくも、あのフランシスコ・ザビエルが指摘したことでもある。日本人の心のどこかに〈武士道〉のＤＮＡが含まれているということであろう。

また、サミュエルが日本びいきだった理由としては、当時のロシア国内でのユダヤ人の差別が過酷だったことも挙げられる。この事実は、後にロシア通として知られた杉原千畝も知っていたことであろう。

日露戦争の勝因もユダヤにあり

そして、日清戦争から10年後の日露戦争の勝利は、日本に有色人種の国として唯一世界の列強に加わるという、栄誉をもたらす。

日露戦争に勝利したのは東郷平八郎率いる連合艦隊が、秋山真之《さねゆき》参謀の名言「本日天気晴朗なれども浪高し」と大本営に打電して決戦に向い、無敵といわれたバルチック艦隊を破ったと思い込んでいる日本人が多いが、戦争には莫大な費用がかかる。

第一次世界大戦は〝消耗戦〟といわれていたように、大量の爆弾などを消耗した戦いであったことは知られているが、日露戦争もその傾向に向かっていたのだ。つまり戦費がなければできない戦いになっていたのである。兵隊がいかに意気軒昂であろうとも、戦う弾がなければ、どうしようもない。

当時の世界情勢は白人支配で、アジアで植民地にならなかったのは、日本とフィリピン（のちスペインの植民地となる）、タイだけであった。中国は清朝が腐敗しており、半植民地状態にあった。

当時の日本の国家予算は、ロシアの８分の１、外貨準備高も同様。国土面積はいうまでもなく、軍事力でいえば日露戦争開戦の前年、１９０３年の陸軍兵力は、ロシア１１３万人、日本23万人と、５倍の開きがあった。海軍では日本が戦艦、巡洋艦、駆逐艦、水雷艇など合計排水量26万４６００トンであったのに対し、ロシア海軍は駆逐艦など１３０隻、およそ60万トンと大きく上回っていた。世界の人々が日露戦争を「小人と巨人の戦い」と笑っていたのも、うなずけることである。

しかし日本政府は、日露開戦は避けられない状況にあると判断、戦費調達を決意する。

もし日本が日露戦争に負けていたら、どうなっていたか？

日本がロシア領となっていたのは、当然のこと。当時の日本政府要人たちは、必死の思いで開戦の準備をしていたに違いない。

しかし、この二つの戦争を勝ち抜いた裏にユダヤ人の力があったことが、日本ではあまり知られていないのは、まことに残念である。

高橋是清を見込んだユダヤ人

当時の日本政府が考えたのは、海外での戦費調達であった。この国運を懸けた使命の遂行に白羽の矢が立ったのが、当時、日本銀行副総裁であった高橋是清であった。

高橋は、まずアメリカに日本の外債を売り込むが、成果なし。次いでロンドンに1ヵ月以上滞在、それも安ホテルだったといわれている。ロンドンの安ホテルといえば、私はB&B（ベッド&ブレックファースト）を思い出すが、ベッドと朝食だけの簡素なホテルで、トイレ、バスは各部屋にはない。そんなホテルに堂々と日本銀行副総裁が泊まっていたというのも、すごい。なかなかできないことであり、高橋是清の毅然とした態度に敬意を表したい。

当時、イギリスとは日英同盟条約が結ばれていたから、おおむね好意的ではあった。しかし日本がロシアに勝つなどと考える人はいなかったから、投資となると話は別。それでも高橋はイギリスの銀行団に、かろうじて500万ポンドを引き受けてもらうことができた。

だが、高橋の任務は日本の第一回戦時外債として、1000万ポンドを調達することであったから、それだけでは足りない。残りの半分、500万ポンドがどうしても必要であったのである。

ある日、高橋はイギリス人銀行家の自宅での晩餐会に招かれた。すると隣に座ったユダヤ系アメリカ人銀行家から「日本兵士の士気は、どのくらい高いか?」などさまざまな質問を受け、丁寧に答えていったという。なぜなら高橋は若い頃アメリカに留学したうえ、南米にも渡って辛酸を舐めていたから、英語は得意であったのだ。

すると翌朝、イギリス人銀行家が高橋の安ホテルに来て、「あのユダヤ系アメリカ人の銀行家が、日本の外債を引き受ける」と言っていると告げる。それがジェイコブ・ヘンリー・シフであった。

たった一度会っただけで、なぜシフはこんな大きな決心をしたのか? その答えは、高橋是清の自伝にある。

シフ氏が何ゆえに自ら進んで、残りの五千万円を引受けようと申出て来たのであるか?当時私にはそれが疑問で、どうしてもその真相を解くことが出来なかった。

何しろ私はこれまでシフという人については、名前も聞いたことがなく、わずかに前夜ヒル氏の家でただ一度会ったきりである。（中略）

ことに二ヵ月前、日本からアメリカに渡り、ニューヨークの銀行家や資本家に当って見てアメリカでは到底公債発行の望みはないと見込みをつけ、英国へと移ったくらいであるから、アメリカ人のシフ氏が、しかも欧州大陸からの帰路、一夜偶然に出会って雑談したのが因《もと》となり、翌日すぐに五千万円を一手に引受けてくれようとは、まるで思いもかけぬところであった。

しかるに、その後シフ氏とは非常に別懇となり、家人同様に待遇されるようになってから、だんだんシフ氏の話を聞いているうちに初めてその理由が明らかになって来た。

ロシヤ帝政時代ことに日露戦争前には、ロシヤにおけるユダヤ人は、甚だしき虐待を受け、官公吏に採用せられざるはもちろん、国内の旅行すら自由に出来ず、圧政その極に達しておった。ゆえに、他国にあるユダヤ人の有志は、自分らの同族たるロシヤのユダヤ人を、その苦境から救わねばならぬと、種々物質的に助力するとともに直接ロシヤ政府に対してもいろいろと運動を試みた。

（高橋是清著、上塚司編『高橋是清自伝』中公文庫）

こうしてジェイコブ・ヘンリー・シフは、マーカス・サミュエルに続いて勲二等旭日重光章を受けることとなる。明治天皇が彼にどれだけ感謝したかということは、彼の「訪日日記」から明らかである。

天皇は健啖《けんたん》で、ユーモアに溢れていられた。ご自分の治世が始まったころの愉快だった逸話について、自由闊達《かったつ》に話された。

午餐会が始まってから、一時間以上もたってから、私は金子男爵に、ここで陛下の健康のために乾杯を提唱することが許されるかと、たずねた。（中略）天皇は破顔一笑されて、快諾された。

（『ユダヤ製国家日本』）

これは皇室としては異例のことである。その日の料理も敬虔なユダヤ教徒であるシフに合わせて、ユダヤ教で禁じられている豚肉やタコ、イカなどを使わないコーシャであったという。明治天皇のシフに対するもてなしの心が窺えるエピソードである。

ユダヤ人のおかげで国際舞台に！

幕末、黒船によるペリーの来航によって開国した日本。いわゆる〝幕末の志士〟たちの活躍で、植民地になることを必死の努力で回避し、明治という時代を迎えた。しかしながら当時の状況が厳しかったことは、いうまでもない。列強に伍して国際社会の中で生き延びていかなければならなかったからである。

日本が極東で頭角を現し世界の注目を集めたのは、日清戦争、日露戦争の勝利であった。その陰にユダヤ人の力があったことは、今まで書いてきた通りである。

当時、白人が支配していた世界に〝眠れる獅子〟清国を破って有色人種である日本人が加わったのは、世界中に大きな反響をもたらした。そして、世界中から恐れられていたロシアを破った日露戦争。世界中が「日本って、どんな国なの？」と興味を持ちだすことにつながった。

杉原千畝の子ども時代は、まさにこのように日本が世界に認められ始めた時期だった。ちなみに、日清戦争は千畝が生まれる前であるが、日露戦争は、彼が4歳のときであった。日露戦争で勝利したのは、千畝5歳のとき。日本中が提灯行列で祝ったといわれるから、幼い千畝の思い出となっているに違いない。

その後、父親の反対を押し切って、彼は早稲田大学に入学。苦しいアルバイト生活を始めるが、心の中には世界の列強に肩を並べる国、日本人の誇りと、自分もいつか世界に出て行きたいという思いがあったに違いない。

ところで、杉原千畝と日露戦争に関しては、妻・幸子さんの著書に、こんな記述があるので、ご紹介したい。

その後いろいろな方から、日本とユダヤの関係についてお話を伺いましたが、日露戦争の戦時国債発行では、日本がユダヤの人たちに大変協力していただいて、日本は苦難を切り抜けたそうです。夫は口には出さなかったものの、日本とユダヤの歴史的背景が、頭の片隅にあったのかもしれません。

（杉原幸子著『六千人の命のビザ［新版］』大正出版）

特筆すべきは明治天皇だけでなく昭和天皇も、このことを覚えていて、戦後、駐日イスラエル大使が就任の挨拶に宮中に伺ったところ、「日本は昔、ユダヤの人々にたいへん世話になりました」とお礼を言われたとのこと。しかし着任早々の駐日大使は、何のことかわからなかったというエピソードもある。

杉原千畝も、リトアニア・カウナスの領事館に押しかけたユダヤの人々を見たとき、日本がユダヤ人のおかげで国際舞台に立っていることを改めて思い起こしたに違いない。

以下、ビザ発給の際、ある難民に、彼がかけた言葉である。

「世界は、大きな車輪のようなものですからね。対立したり、あらそったりせずに、みんなで手をつなぎあって、まわっていかなければなりません……では、お元気で、幸運をいのります」

（杉原幸子・杉原弘樹著『杉原千畝物語　命のビザをありがとう』金の星社）

第二章　日本の〝原風景〟を名前に持った「日本人」

「チウネ」という名前の由来

杉原千畝記念館がある岐阜県八百津町《やおつちょう》。訪れたのは2016年2月。例年なら雪景色であるが、暖冬で、雪が積もることもなかったという。偶然出会った町の人の車に同乗させてもらって、記念館から車で30分。上代田《かみだいた》棚田・北山地区に到着した。

辺りは小さな神社とその後ろに広がる小高い山を背景に、のどかな眺めをつくり出している。案内してくれた人の話によると、近年「日本の棚田百選」に選ばれたそうで、その価値は十分にあると私たちはうなずく。

杉原千畝が生まれたのは、この丘の上の母やつの実家である。昔は実家でお産をするのが習わしであったから、やつは三歳の長男・豊秋を連れて帰ってきた。夫の好水《よしみ》は同じく八百津町出身であったが、当時は名古屋税務監督局官吏であり、一家は岐阜県武儀郡上有知町《こうづちちょう》(現・美濃市)に住んでいた。

生家は昔の旧家の面影を残すたたずまいで、私たちは居住まいを正す。

5月が来て山の斜面を削り取った何段もの棚田一つ一つに、人の手で一本一本植えられた稲を見るのは、日本人ならずとも心打たれる光景であろう。

こうして一段一段田んぼを「天まで届け!」と造り上げた日本人は、なんとまあ働き者だったのか！　と感動せざるを得ない。

司馬遼太郎は、その著作の集大成ともいえる『この国のかたち』で、日本人の特質として〝働きもの〟を挙げているが、まさにそのとおりだ。日本人のような働きものは世界でも珍しい。世界には働こうともしない人がたくさんいるし、働くことは苦痛だと思っている人もたくさんいる。特にキリスト教の国では、そうである。働くことが美徳の日本は、まったく例外なのである。

１９００年（明治33年）１月１日、杉原千畝が誕生したとき、彼の父親・好水は、この次男に「千畝」という名前を与えた。まさにそれは、この八百津町の風景から取ったものであろう。１月７日、好水が自ら八百津町役場に出生届を出している。

この日本の〈原風景〉ともいえる名前を持った少年は父の期待に応え、成績優秀で学業をこなし、全甲で小学校を卒業する。父親が税務署職員だったため転校を重ね、小学校３回、それも３県にわたっていたが、その体験から誰とでも親しくつき合っていく術を身につけたと思われる。

イスラエルとは、何たる違い！

今回私と同行したのは、ふたりのユダヤ系アメリカ人、ジョンとイザックである。

ジョンはおじいさんの時代に、ドイツからアメリカに渡ったという。イザックはおじいさんが杉原千畝のビザで日本へ逃げ、上海を目指した。戦後、上海で成功していたが、毛沢東の文化大革命で全財産を没収され、オーストラリアへ。そしてアメリカへ渡ったというファミリー・ストーリーを持っている。

ふたりとも10年以上東京に住んでいるが、杉原千畝のことはテレビで観て英語のネットで検索、詳しく知ったそうだ。私が「八百津町に行くので一緒に行きませんか？」と誘ったとき、ふたりは二つ返事でオーケーした。

ここの人たちは、皆親切だったが、せっかくここまで来たのだから、この風景の中にしばらく身を置きたいということになった。タクシーを呼んで帰ろうということになり、送ってくださった町の人には帰っていただく。

八百津町の中心部からは想像できない、ここ上代田棚田で3人は、しばらく無言で突っ立っていた。

やがてジョンが口を切る。

「レイコ、ここは本当の日本ですね」

「そうですね。この風景を日本人は〝SATOYAMA〟と呼びます。日本の〈原風景〉だと私は思いますよ」

イザックが考え深そうに言う。

「それにしても、何とエルサレムと違うことか」

残念ながら私はエルサレムに行ったことがない。エルサレムは、ご存じのようにキリスト教の発祥の地であるが、もともとユダヤ教の地でもあった。ユダヤ教の改革を目指してキリストが立ち上がったのだと、ふたりが教えてくれる。1940年、日本は皇紀2600年といばっていたが、なんとユダヤ暦だと5700年だそうだ。

ユダヤ教とキリスト教の根本が同じというのは日本人にはピンとこないが、この後、イスラム教がキリスト教をもとにして発展していったのだそうだ。こうなってしまうと、何が何やらよくわからなくなってしまう。ただわかるのは、どれもが〈一神教〉だということだけである。

「エルサレムって、どんな町ですか？」

「〝嘆きの壁〟って、知っているでしょ？」

「ああ、それは知っています。写真で見たことがあるだけだけど」

「ああいうふうに、石でできています。嘆きの壁は、もともと神聖ローマ帝国時代にローマ軍によって壊されたのが残っているんです」

神聖ローマ帝国とは、紀元1世紀の話である。

ユダヤ人は砂漠の民だった

エルサレムのまわりはすべて砂漠である。その砂漠の中にポツンと町がある。

ここにたどり着くためには、人々は砂漠の中を一歩一歩歩かなければならない。行けども行けども、砂漠が延々と続く。彼方を見ても山は見えない。木もない。ましてや水はない。

イザヤ・ベンダサンが、その著書『日本人とユダヤ人』で、「日本人は、安全と水は無料で手に入ると思いこんでいる」と書いたとおりなのである。

「水がないなら、生きていかれないじゃないですか？」

そう聞く私に、ジョンが笑いながら言った。

「レイコさんは知らないでしょうけど、イスラエルにはマナという植物があるんです。茎に水をいっぱい含んでいる。この草から水分をとっていたわけです」

そういうことだったのか！　と改めて私は感心する。

この八百津町の上代田棚田を一段一段、一本一本稲を植えて造り上げていく努力と、砂漠の中を一歩一歩次の町に向かって歩いていく努力とは、何とまあ違うことか。

ここでは稲を植える手をとめて周囲を見渡せば、山が広がり、鳥が鳴き、足元には蝶が飛び、花が咲いている。しかし砂漠で見る風景は、ただただ砂丘のみであって、その先に何も見えない。ましてや自分が今いることにすら、危険が伴っているのである。

「この棚田の風景を見ていると、日本の神様はやさしい、この風景のようにやさしいのだなという気がしてきました」と、ジョン。

「そうだね。砂漠の中で人々が神を求めたら、それは祈れば絶対助けてくれる、いや、助けてくれなければいけない。すごく強い神を願ったでしょうね。またそういう神がいなかったら、あの砂漠という自然の中で生活することはできなかったでしょう」

イザックが共鳴する。

私は、ふと気がついた。

私の「ユダヤ人」というイメージに、「砂漠の民」という感覚はまったく抜け落ちていた。しかし、世界中のユダヤの人々が聖地エルサレムを訪ねるとき、彼らはどんな気持ちなのだろうと、ふたりに聞いてみたくなった。

なぜなら、それぞれの土地で何代にもわたって生きてきたユダヤ系の人々にとっては、自分が生まれたときに見た、例えばドイツなら黒い森、フランスだったら麦畑とかアルプス、また地中海の青い海であろう。それを自分の〈原風景〉のように思っている人々が、エルサレムの砂漠と石の風景を見たとき、どう感じるのか？　やはり、それをなつかしいと思うDNAがあるのであろうか？

日本の神様は山に住んでいる

私はふたりに、こう日本の状況を説明した。

「私はあまり宗教のことはわからないけど、だいたい日本人は神様は山にいると考えていたんです。日本人の気持ちの中には、こういう里山風景、向こうに山があって、その山には神様がいて、自分たちが守られている……という発想があったのだと思います」

「レイコさんが外国に住んでいるとき、どうでした？」

「オランダに住んでいたとき、オランダはご存じのように埋め立て地で山がないでしょう？　だから長く住んでいる日本人は、山が見られないのが悲しい、寂しいって言っていましたね」

なるほどと、うなずくふたり。

「それから、ひとりでフランスのプロヴァンスに住んでいたときは、目の前にあのセザンヌが描いたサン・ヴィクトワール山があった。セザンヌが描いたこの山を毎日見て暮らす夢が実現してうれしかったけど、やはり木一本生えていない白い山肌は、日本人が想像する山という感じではなかったですね。でも山の頂には十字架が立っているのが、うちのアパートからも見えましたよ」

「うん、人間は皆、高い所に神がいると思うのかも。日本の山だって、頂上には小さな神社があるじゃないですか」

ジョンがしみじみとした調子で言う。

「レイコさん、この風景が日本の〈原風景〉だと言ったけど、これと仏教と、どういう関係があるのですか？」

「仏教よりも前から、日本人は宗教を持っていました。それが神道になっていったわけだけど、〈一神教〉ではないのですよ」

「仏教って、〈一神教〉ではないのかな？」

「その宗派ごとに考えれば〈一神教〉に見えるかもしれません。でもそれは明治になってから、キリスト教の影響でそうなったのだと聞いてますよ。日本人のＤＮＡには仏教より前の時代の、つまり〈アニミズム〉があるのだと思います」

〈アニミズム〉と〈八百万の神〉

〈アニミズム〉という言葉を聞いて、ふたりはやっと納得したようだ。

日本では、人間の形をした神様がいるわけではない。例えば熊野那智神社の別宮、飛瀧神社の御神体は滝である。信仰の対象が岩であったり、川であったり、山であったり……この辺は日本に長く住んでいるふたりのユダヤ人も知っているが、いざ、この千畝の生まれ故郷である岐阜県八百津町の上代田棚田で私が感じることと、彼らが感じることとは何らかの差があるのであろう。

確かにこういう風景の中にいると、日本人がずっと〈八百万の神〉を信じていたことが理解できる気がする。何しろエルサレムは石の町だ。水もない。砂漠という厳しい自然の中にできた石の町、といえるかもしれない。

「つまりは、〈一神教〉と〈八百万の神〉との違いでしょ？」

私の言葉に、ふたりとも笑い出す。

「そうだね。確かに神様も、生まれた環境によって性格が変わるのかも」

ジョンの言葉に、私たちはまた笑ってしまう。

「そう、この棚田で生まれた神様は、あまり厳しくない。何でも許してくれそう。まあ、いいよ、いいよってね」

「そうですね、すぐ隣に神様がいる。あそこにもいる、ここにもいる、そういう感覚なのかな？」

イザックが、真面目な顔で独り言のようにつぶやく。

「〈一神教〉というのはどういうことなのか、もう一度考えなきゃいけない。ここに来て、そう思い至った」

多神教というのは〈八百万の神〉の考え方であるが、欧米では「原始的だ」「古い」と片づけられて、ヨーロッパでは「日本は〈アニミズム〉の国なんだって？」と聞かれることがよくあった。これはもう、生まれたときから〈一神教〉で育った人にはまったく考えられない、常識を超えた考え方である。

そのたびに私は、「それが何で悪いの？　イギリスだってキリスト教が伝わるまでは、〈アニミズム〉だったじゃない」と言い返してきたが、彼らにとっては21世紀の科学大国でもある日本が、〈アニミズム〉を信じる民族であることが不思議らしい。

確かに彼らの感覚からいえば、アンバランスなのであろう。しかし、この〈一神教〉でない日本独特の宗教的考え方が（宗教学者の山折哲雄先生によれば、それは信じる宗教ではなく、感じる宗教であるということになるのであるが）見直されるならすばらしいことに違いない。宗教というものの考え方の発想の転換であろう。なお〈アニミズム〉について、山折先生はこのように述べている。

自然の中にカミの声を聞き、ホトケの声を聞くということでもあった。人間は死んでタマとなり、やがて時をへてカミ（ご先祖）となりホトケ（死者ボトケ）になるという信仰もそこから生じた。人間界と自然界がタマやカミやホトケを介して循環していると考えたのだ。人は死んで無に帰しているわけではない。ふたたび自然のなかに蘇って別の人生を生きている。日本人の先祖崇拝、先祖供養がそこからはじまった。目にみえないご先祖（カミやホトケ）の前で身を慎んで生活するというモラルがそこから生まれたのだった。

ただこのアニミズムはシャーマニズムなどとともに、西欧の神学者や宗教学者が未開野蛮の宗教という意味をこめていい表した言葉だった。今でも西欧世界ではそのような感覚が生きている。われわれはそろそろそういう手垢によごれたいい方を捨てて、たとえば「万物生命観」といったような表現に置きかえた方が、よいのではないだろうか。

（山折哲雄著『信ずる宗教、感ずる宗教』中央公論新社）

日本人は無宗教か？

「ところで、レイコさんは宗教に関心がないと言っていたけど、おたくの宗教は仏教？」

「まあ、仏教ですけど、うちは禅宗だから、私は自分で座禅を組んだりして考える禅宗が好き。オランダにいたときも、フランスにいたときも、日本の新興宗教から入信を勧められたとき、いつもそう言って断っていました」

「へー、日本の宗教が海外でも活動しているんだ」

「そうですよ。それは日本でキリスト教の宣教師が活動しているのと同じ。たぶんイスラム教も、そういう活動を日本でも始めているのではないかしら？　なぜかというと、最近スカーフを被った若い女の子が目につくので、気になっていました」

「そういえば、東京では増えているかも」と、ふたりもうなずく。

ところで山折哲雄さんといえば、〈八百万の神〉を日本人が持っていることの幸せを語っていらして面白かった。確かに現代、戦争やテロは、〈一神教〉の人たちによって起こされている。日本が〈八百万の神〉であるのは、幸せというしかないのかもしれない。

ついでにいうと日本人はよく、自分のことを「無宗教」と自嘲気味にいう。これなども、われわれの「無」好きの趣味をあらわしたものなのだが、じつはこれは宗教が「無い」ということを、かならずしも意味しているのではない。本当のところをいうと、日本人の心の奥底には「無の宗教」とでもいうべき心情的宗教が、いわず語らずのうちに宿っているのである。同じ無宗教でも「無」の意味がまるで違っているのである。

（『信ずる宗教、感ずる宗教』）

「こういうのどかな景色の中でポケーッとしていると、『我思う、ゆえに我あり』なんて言いたくなりますよね」

ジョンの言葉に、私たちは大笑いしてしまう。

「ほんとうに。私、フランスにいたときフランス人から『我思うというのは、我疑うということだ』と聞きました。本当にそうなんですか？」

「そのとおりです。日本人はまったく、キリスト教徒とは違う。もちろんユダヤ教徒とも違う。ほかの〈一神教〉の人たちとは違う民族なんだということが、ここに来て初めてわかった。東京にいたらわからない」

「ところで、杉原千畝は外国でこの風景を思い出したのだろうか？」

「当然、そうだと思いますよ。彼は老後は八百津町に住みたいと言っていたそうですから」

「そうだろうね。彼が住んでいたフィンランドにしてもリトアニアにしても、水はあるが、ここの風景とは大きく違う」

そんなふたりに私は、おにぎりを差し出した。

「どうぞ！　〈八百万の神〉の宿った、おにぎりです」

ふたりは笑い出しながら、こう言った。

「日本人って、お米と共に生きてきた民族なんだね。この棚田を見て実感できた」

棚田で思い出すメロディ

八百津町の上代田棚田、この日本の〈原風景〉ともいえる里山の風景を見ていると、日本人の世界観が、ヨーロッパと大きく違うことに気づかされる。たぶん杉原千畝もヨーロッパに住みはじめて故郷・八百津町を思い出すとき、しみじみ自分が日本人であることを感じていたに違いない。

例えば八百津町の「八百」には、「たくさんの」という意味もある。

昔、川に面して物流の中心であったというこの町は、多分、「八百（たくさんの）」港（津）があったに違いない。だから八百津という町名になったのではないかと、町の歴史などの資料を読みながら考えていた私である。

〈八百万の神〉の国である日本は、欧米人から見ると時代遅れに映るようである。

杉原が、この辺をどのように考えていたか、何の記述もないのでわからない。自分の心の中にある故郷を思い、日本人である誇りを抱えながらヨーロッパで生きる現実。それは多かれ少なかれ、私がやってきたことと同じである。

外国に長く住めば住むほど、自分が日本人だということに気づいてくる。人間とはそういうものなのだ。私自身そうであった。たぶん彼もそうだったのではなかろうか。

「当然、ここで生まれ育った杉原千畝は、〈八百万の神〉を感じながら育ったのだろうけど、彼はロシア正教じゃなかったでしたっけ？」

突然、ジョンが言い出した。

「最初の奥さんが白系ロシア人だったので、ロシア正教になったと聞いていますけど、幸子さんは、岩手の遠野神社の神職の家系だったとか。杉原千畝自身は、やはりこの風景の中で育った日本人だと思いますよ」

イザックが、突然歌い出した。

「兎追《うさぎお》いしかの山
小鮒《こぶな》釣りしかの川
夢は今もめぐりて
忘れがたき故郷」

「わー、よく知っていますね」

そういえば、高山市の生涯学習講座「Can I help you?　グローバル・コミュニケーション講座」で、八百津町の杉原千畝記念館にも来てくださったＡＬＴ（外国語指導助手）の先生が帰国することになった。そのときの送別会で、生徒たちがお別れに選んだのもこの「故郷《ふるさと》」であった。

子どもたちの歌を聞きながら、若い先生が涙ぐんでいたのが今も目に浮かぶ。

「如何《いか》にいます父母《ちちはは》
恙《つつが》なしや友がき
雨に風につけても
思い出《い》ずる故郷」

「老後はここで暮らしたい」と言っていた杉原千畝も、もしかしたらカルナスでこの歌を歌ったことがあるのではなかろうか。そんな気がしてきた八百津町の夕暮れであった。

私たちは暮れなずむ八百津町の棚田を見ながら一緒に歌った。この歌こそ、まさに日本人の心の故郷であろう。

「志《こころざし》をはたして
いつの日にか帰らん

山は青き故郷
水は清き故郷」

何と日本の国は平和なのか!

フランスに住んでいるときのこと。オリンピックで日本が金メダルを取り「君が代」が流れた。一緒にテレビを観ていたルイーズが聞いてきた。

「ねえ、レイコ、なんて日本の国歌は、のんびりしているんでしょう! どういう歌詞なの?」

「今の天皇の世が長く長く、いつまでも続きますように、という意味よ」

「それだけ?」

私の答えに、ルイーズは不思議そうな顔をする。

「それだけ、うん、それだけ」

そう答えて、私も不思議に思う。こんな短い国歌って、日本のほかにあるのだろうか?

私はネットで検索、フランス語と英語をルイーズに見せる。

「いつごろ作られたの?」

ルイーズと他の人たちも身を乗り出してくる。

「大昔よ。そもそもこの歌詞は『古今和歌集《こきんわかしゅう》』という歌集にあって……」

『古今和歌集』は、10世紀初め、天皇が国家の事業として編纂させた歌集。1111首・20巻。有名な歌人や貴族もいるが、40パーセント近くが詠み人知らずだ。「君が代」は、おめでたいときに歌われ、明治になって曲がつけられ、国歌となったと説明する。

フランス人たちは、目を丸くする。

「すごいね！　日本って、そんな民主的な国だったの？　貴族も庶民も一緒に選ばれたの？」

「民主的？　ああ、そうね、民主的といえば民主的ね」

フランスの国歌は、凄まじい

ところで、フランス国歌が「ラ・マルセイエーズ」という名前であることは、日本でもよく知られている。なぜこの名前がついたかというと、フランス革命のときマルセイユの義勇兵たちが、この歌を歌って革命に参加するためパリに向かって行進したからだそうだ。

歌詞は1番から7番まであるそうで、「君が代」の短さに比べたら、何とまあ、長いのかと驚いてしまう。

ところが、その歌詞たるや、まことに凄まじい。いちばんよく知られている1番の歌詞を和訳したものを、ご覧いただこう。

祖国の子どもたちよ、栄光の日がやってきた！
我らに向かって、暴君の血塗られた軍旗がかかげられた
血塗られた軍旗がかかげられた
どう猛な兵士たちが、野原でうごめいているのが聞こえるか？
子どもや妻たちの首をかっ切るために、
やつらは我々の元へやってきているのだ！
武器をとれ、市民たちよ
自らの軍を組織せよ
前進しよう、前進しよう！
我らの田畑に、汚れた血を飲み込ませてやるために！

今フランスでは、「こんな国歌をオリンピックで歌うのは恥ずかしいから、歌詞を変えよう」という動きすらあるそうだ。

「そうですよね！　それでなければいけない。フランスは文化国家なんだから」

そう言って、私たちは笑ってしまう。

すぐチウネと読んだ幸子夫人

「千畝」、この読み方は難しい。

ところが、後に彼の妻となる幸子さんは、初対面のときズバリ読んだ。それは、彼が後に彼女にプロポーズするきっかけになったといわれている。幸子さんが「なぜ、私にプロポーズするの？」と聞いたとき、「あなたなら外国に連れていっても恥ずかしくないから」と答えたというのも、うなずける話である。

日本でも彼の名前を正確に読む人は、少なかったと思われる。まして外国ではチウネという発音はたいへん難しく、彼は「センポ（SEMPO）」と名乗っていた。

しかし、これが思わぬ結果につながってしまった。リトアニアで杉原からビザをもらって助けられたユダヤ人たちが、のちのち彼を探し出そうと日本の外務省に問い合わせたのである。そのとき、「センポスギハラ」と尋ねたので、「そんな人物はいない」と断られたという。

妻・幸子さんは、その著書の中で、やっと巡り合ったときの様子をこう述べている。

数日後、私も夫とともにイスラエル大使館に行き、ニシュリ氏に会いました。私の顔を見たとたん、ニシュリ氏は私の手をとり固く握って涙を流して喜んでくれました。
ビザを受け取り、無事に脱出したユダヤ人たちは、戦後、夫の行方をずっと探し続けていたのだそうです。しかし外務省に問い合わせても、「該当者なし」という返事しか返ってはこなかったそうです。夫は自分の名前を「スギハラセンポ」と教えていました。「チウネ」というのは外国人にとっては呼びにくい発音なのです。ユダヤ人たちも「スギハラセンポ」という名前で照会していたので分からなかったのかもしれません。しかし、〈外務省に勤務していた人たちの一覧表が載っている霞ケ関会の名簿には、杉原という名前は三人しかいないのですし、カウナスの領事だった杉原といえば分かりそうなものなのに〉と思ったのですが、それがお役所仕事というものなのでしょう。
帰国してから、夫もビザを渡したユダヤ人たちがどうなっているのか心配だったのでしょう。一度イスラエル大使館に足を運び、消息を尋ねたそうですが、大使館の人たちでは分からなかったようです。その時に夫が自分の住所を教えていたために、ニシュリ氏も探し出すことができたのだそうです。

（『六千人の命のビザ［新版］』）

お役所仕事と片づけてしまうのは簡単であるが、対応したのが杉原の免職事情も知っている外務省であるから、割り切れないものが残るのは私だけではないだろう。

こうして、カウナスでユダヤ人の5人の代表のひとりとして杉原と交渉をしたジュホシュア・ニシュリと、28年ぶりに再会したのである。彼は在日イスラエル大使館経済参事官として赴任していたのだ。ニシュリは杉原が日本の外務省の許可を取った上でビザを発給したとばかり思っていたので、大いに驚いたという。

その後、1969年、イスラエルを訪問した杉原は、かつての5人のユダヤ人代表のひとりゾラフ・バルハフティックと再会。当時宗教大臣であったバルハフティックからイスラエル政府からの勲章を受ける。

このとき初めて杉原は、ビザ発給は日本政府の許可なしにやったことを打ち明けるのである。カウナスで杉原からビザをもらった全ての人々が想像もしなかったことで、バルハフティックも大いに驚いたという。

第三章　貧しさが恥ではなかった時代の「日本人」

バチカン美術館での出会い

東京の上智大学に留学していたイタリア人のガブリエラにバチカン美術館を案内してもらったのは、いつのことだったろうか。帰国した彼は、学芸員としてキャリアを積んでいた。

カトリックの総本山ともいえるバチカンは、世界一小さな国である。

各国に大使館を持っているが、私とガブリエラが出会った1960年代は、まだ日本には大使がいなかった。なぜかというと、もともとバチカンが国として認められたのは、ムッソリーニによってである。イタリアと同盟国であったナチスのホロコーストが明るみに出ることで、戦後、国家としてのバチカンを認めないという動きが広がったらしい。

日本では、当時の上智大学のいちばん偉い神父さんが大使代理みたいなことをやっている、と聞いた覚えがある。考えてみると、私がヨーロッパに住み始める1976年までは、そうだったみたいである。

「レイコさんは、新しい美術が好きだから、こういう古い物には興味がないでしょう？」

通用口から私を招き入れて、ガブリエラはズバリ言う。

「そうね、こういう美術館、ほとんど一人では来ないわ」

「でも美術館は、絵を見るだけではないんですよ。歴史を見る所でもあるんです」

そう言って彼は、1枚の大きな油絵の前に私を連れていった。畳2畳分はあるような大きな絵であった。

「えっ、日本人？」

思わず私は、小さく叫んでしまった。

描かれているのは、りりしく立つ正装の若い侍たち。1582年から1590年、日本のキリシタン大名とイエズス会の命によって派遣された、あの天正の少年使節に違いない。ローマ法王に謁見しているところを描いたのだ。

「へー、こんな絵があったとは……」

思わず私はガブリエラを振り返る。

彼は静かに笑いながら、

「そうです。これこそ少年使節が苦難の旅を終えてローマに着いたという、まぎれもない証拠です。彼らはローマ法王だけでなく、スペイン、ポルトガル国王にも謁見し、当時のヨーロッパに大きな話題を呼んだといわれます。使節に選ばれた4人は、長崎・島原半島に移されたキリスト教の学校で将来は宣教師になるよう、教育されていたエリートで、毎日7時間近くラテン語や神学を学んだ13歳から14歳の少年でした。当時、日本のキリシタンは15万人にも上ったというから、すごいものです」

「えっ、そんなにたくさんキリシタンがいたなんて、私は知らなかったわ」

それに、ガブリエラは大きくうなずく。

「彼らは1582年にポルトガルの大型帆船で長崎を出港、4少年以外の日本人随行員はイエズス会の宣教師・船員らを含む、総勢300人に及んだそうです」

そんなに大勢だったのか！　と驚く。その人たちのリーダーが13歳から14歳の少年であったとは！

1584年、ポルトガル・リスボンに到着。1585年、フィレンツェを経てローマに到着、法王との謁見の後、帰国したのは8年後であったという。なんとまあ、壮大な旅であったことか。

「大変な旅だったのね。それにしても彼らのキリスト教への思い入れは、すごかったのね」

ザビエルの見た日本

それから私たちの話題は、日本に初めてキリスト教を伝えたフランシスコ・ザビエルに移っていった。

ガブリエラによると、フランシスコ・ザビエルが日本に来たのは1549年、織田信長が15歳のときである。なるほど、こういうふうに歴史のつながりを覚えると、受験勉強のときのようにゴロアワセで覚えるより、よほど頭に入ると感心する。

それも、インドのゴアで出会った日本人（マンジロウ）の案内で来たそうだ。当時、どうやってザビエルが日本人とコミュニケーションしたか不思議であったが、やっと謎がとけた。

ザビエルはマンジロウの話を聞いて、日本にあこがれを持ってしまう。マンジロウはザビエルからキリスト教信者としてパウロの名前をもらい、洗礼を受ける。彼はポルトガル語も話せたので、ザビエルが日本で布教を始めたときは、なんと「十戒」を日本語で日本の民衆に伝えることができたほどだという。

当時の日本の印象が綴られたザビエルの書簡が、4冊の本にまとめられている。ガブリエラはカバンから本を取り出し、自分の好きなページを開いて読み始めた。日本語である。

ザビエルは、彼の上司がいるインドのゴア宛てに鹿児島から書簡を送っている。以下は同書の引用で、引用部での「私」とはザビエルのことである。

私には、日本人より優れた国民はいないと思われる。日本人は、総じて良い素質をもち、悪意がなく、交わってすこぶる感じがよい。かれらの名誉心は特別強烈で、かれらにとっては名誉がすべてである。
日本人はたいてい貧乏である。しかし、武士であれ平民であれ、貧乏を恥辱だと思っている者はひとりもいない。……武士がいかに貧困であろうと、平民がいかに富裕であろうと、その貧乏な武士が、富裕な平民から、富豪と同じように尊敬されている。

(フランシスコ・ザビエル著、河野純徳訳『聖フランシスコ・ザビエル全書簡3』平凡社/書簡第九〇「ゴアのイエズス会員にあてて　一五四九年十一月五日　鹿児島より」)

日本についてこの地で私たちが経験によって知りえたことを、あなたたちにお知らせします。
第一に、私たちが交際することによって知りえた限りでは、この国の人びとは今までに発見された国民のなかで最高であり、日本人より優れている人びとは、異教徒のあいだでは見つけられないでしょう。彼らは親しみやすく、一般に善良で、悪意がありません。驚くほど名誉心の強い人びとで、他の何ものよりも名誉を重んじます。大部分の人びとは貧しいのですが、武士も、そうでない人びとも、貧しいことを不名誉とは思っていません。

(『聖フランシスコ・ザビエル全書簡3』)

日本人の心。富より名誉を！

当時の日本人が財産よりも名誉を重んじていたということがよくわかるし、日本語もそれほどできないのに、よく観察をしていると感心してしまう。特にザビエルが感心しているのは、貧しいことを恥としていない日本人は、ほかのキリスト教の国々の人とはまったく違うということである。

ガブリエラも、イタリア人らしい大げさな身ぶりで共感を示す。

「そう、今と違う。今の日本は欧米化されちゃったんです」

「いつからだろう？」という話になって、結論は、戦後の高度成長期からではないかということになった。

物が溢れ始め、たくさん物を持っていることが格好良さになっていった時代、私はコピーライターになって張り切っていた。あのころの日本人は豊かな生活を手に入れると同時に何かを失くしていったのだ。今になって気が付く。だが、もう遅いのだろう。

「貧乏であることに引け目を持たない国なんて、世界中にありません」

そう言って微笑むガブリエラ。

「では、〝ヨーロッパの侍〟である騎士や貴族たちは、お金持ちだったの？」

「お金持ちというほどではないけれど、一般庶民に比べたら豊かだった。彼らは日本の武士道と同じような考え方は持ってはいたが、権力と一緒に国を手に入れようという野心に燃えていました」

「それは日本の戦国時代だって、同じでしょ？」

「それはそうだけど、日本の武士道はキリスト教と違うんですよ」

キリスト教を研究しているガブリエラが、キリスト教を否定したので、私は驚く。


彼ら〔日本人たち〕は、キリスト教の諸地方の人びとが決して持っていないと思われる特質を持っています。それは武士たちがいかに貧しくても、〔そして〕武士以外の人びとがどれほど裕福であっても、たいへん貧しい武士は金持ちと同じように尊敬されています し、たいへん貧しい武士は、どんなに大きな富を与えられても、武士以外の階級の者とは結婚しません。低い階級の者と結婚すれば、自分の名誉を失うと考えているからです。すなわち、名誉は富よりもずっと大切なものとされているのです。他人との交際はたいへん礼儀正しく、武具を大切にし、たいへん信頼して、武士も低い〔階級の〕人たちもすべてが、刀と脇差をいつも持っています。彼らは一四歳になると、刀と脇差を持つことになっています。

（『聖フランシスコ・ザビエル全書簡３』）

当時の日本は、まだ貧しかった。同時代のヨーロッパや中国の支配者と比較すれば、日本は支配者である武士ですら、貧しかったのである。

昔の14歳は大人だった

ところが、このすばらしい日本人独特の美徳は、ザビエルと同じイエズス会神父として１９５４年に来日したピーター・ミルワードによれば、はっきりと否定されている。私たち日本人ですら否定されて、それはさもありなんと思うことでもあるが、日本人が欧米化してしまったということであろう。

日本人は、①最も優れている、②良い素質を持ち悪意がない、③名誉心が極めて強い、④貧乏は恥ではないと考える、⑤武士は尊敬される、⑥交際には多くの礼式がある、⑦14歳になると刀を差している。

この⑦は、14歳は大人である、ということだろう。そして⑥はともかく、あとは最早失われてしまった美徳になっている。

（ピーター・ミルワード著、松本たま訳『ザビエルの見た日本』講談社学術文庫）

ガブリエラと私が興味を持ったのは、14歳になると刀を差す、つまり大人になるということであった。

「なるほどね、だから少年使節が13〜14歳でも、おかしくないわけか」

ずっと彼らの年齢にこだわっていた私は、感心するばかり。ガブリエラによれば、長期間の厳しい旅だし、帰国してから日本で活躍してもらいたいという目的もあったという。

それにしても今の中学2年生が、日本人、ポルトガル人300人の団体を率いて行くなんて、考えられない。少年使節は「大人に連れていってもらった少年たち」とばかり思っていた私は目からウロコである。

「やはり武士の誇りがあったのでしょうね」

私は思いつきを言ってみる。

「14歳が大人なら、日本の選挙権も14歳からにすればいいのに」

なぜかため息をつくガブリエラ。私も、思わずため息。そしてふたりで声を合わせて笑ってしまう。

ガブリエラの話では、当時のヨーロッパでは、14歳は大人ではなかったという。

「そういえば武者修行に出かける、あの『三銃士』のダルタニヤンだって、16歳にはなっていたでしょう？」

するとガブリエラは、ここぞとばかり、

「その通り！　日本人がスゴかったとしか言えません。私もミルワード氏同様、日本はあまりにも変わってしまったと思います。ザビエルが今の日本の14歳を見たら、ガッカリするでしょうね」

神は贅沢ができない国に導いた

さて、フランシスコ・ザビエルは、「日本人のほとんどは貧しい」と書いている。日本人にとって質素な生活は当たり前のことだったが、ザビエルにとっては、貧しいと映ったに違いない。フランスのルイ14世が食べ切れないほどのご馳走を並べ、自分がたくさん食べるのを貴族や家臣に見せびらかしていたのとは、何たる違いか。

「そういうお金の使い方、日本の侍はしませんでしたよね？」

ガブリエラも同じ思いらしくて、私に聞いてくる。

「そうよ。例えば徳川家康の食事がどんなに質素だったか、記録に残っていると聞いているわ」

将軍となった徳川家康の常食が贅をつくしたものではなく、自然食に近かったことを考えれば、ザビエルのこの記述は十分に納得できる。

日本の社会は、「上に立つ者は質素でなければいけない」という考えが続いていた。それは明治に入ってからも続き、先ほども書いたように高度成長期ごろから変わって、グルメブームとやらになっていったのである。

ガブリエラは「ザビエルが面白いことを言っている」と言って、次のページを開く。

「デウスは、贅沢のできない国に導いた」

なるほど、これこそ〝清貧の思想〟。日本人の好きな言葉。ザビエルは、この境地に達したかと、驚く私。

デウスは私たちを、贅沢の出来ない国に導き給うたことにより、私たちに多くの御恵みを賜ったのである。……日本人は彼らの飼う家畜を屠殺することも喰べることもしない。彼らは時々魚を食膳に供し米や麦を食べるのであるが、それも少量である。しかし彼らの採る野菜は豊富であり、僅かではあるが、種々の果物もある。しかも、この国の住民は不思議なほど健康であり、中には稀な高齢に達する者も少なくない。

（『聖フランシスコ・ザビエル全書簡３』）

戦闘に巻き込まれて……

さて、杉原千畝の場合を見てみよう。

１９４０年、ソ連はリトアニアを併合。独立国でなくなったリトアニアに、日本領事館は必要なくなってしまう。ソ連政府からも日本政府からも、領事館を閉鎖してベルリンに行くよう執拗に要求されるが、その中でユダヤの人々のために日本通過ビザを書き続ける杉原。やっとの思いで、カウナスからベルリンに到着したであろう。

当時の日本大使館の来栖三郎大使は、ビザの件について何も言わなかった。内心どうなるかと思っていた杉原は、ホッとしたに違いない。

リトアニア・カウナスからドイツ・ベルリンへ。そして次の赴任地プラハでも、彼はビザを書き続けている。さらに、ポーランドとリトアニアに接するドイツ領ケーニヒスベルクからルーマニア・ブカレストへ。杉原一家は旅装を解くひまもなく転々とする。妻とその妹、３人の子どもたちは、異国で不自由で危険な生活を続けるのだ。

ブカレストでは避暑のため郊外の山荘を借りるが、１９４４年、ソ連軍がルーマニアに侵攻。ドイツ軍は撤退し始める。

「ブカレストが攻撃される前に、家に置き忘れてきた〝宝物〟のシベリウスのレコードと写真を取ってこよう！」と思い立った幸子さんは、運転手に指示して車に乗り込むが故障。通りかかったドイツ軍の車が乗せてくれるというので、ひとり乗り込む。彼女が8日間、死と隣りあわせの日々を送ったのは、このときである。

既にブカレストでは市街戦が行われていて、ドイツ軍から「森の中へ逃げろ！」と指示される。ブカレストから逃げるドイツ軍の敗走に巻き込まれてしまったのである。幸い親切な若い将校が守ってくれるが、パルチザンの攻撃に遭ってしまう。ドイツ兵が次々と倒れる中、この将校と一緒に草むらを走って逃げる。

その恐怖の様子を、お読みいただきたい。

砲弾が狂ったように飛び激しい音が頭の上を過ぎます。若い将校は全身で私の身体を覆い、息を殺して私は目を閉じていました。

茫とした私の意識の中を、弾丸の音が掠め、気がつくと、私の身体は軽くなって草の上に放り出されていました。

砲声は全く止んでいました。傍らに目をやると、草に半ば埋もれるように若い将校が横たわっています。怖る怖る手を触れて、彼の名前を呼んでみました。

「DÜRER《デューラー》！」

答えが返ってきません。

夜明けの淡い光の中に、若い将校は眠ったようにかすかな微笑みを口もとに浮かべて、息絶えていました。すべて死に絶えたように辺りの静寂がありました。夜明けとともに戦いは終わっていたのです。（中略）

彼の眠る草原の土に深い祈りを捧げて立ち上がり、海のような蒼い風の中に私は立ち尽くしていました。

「これからは歩いて、国境を越える」

伝令の声に、私はハッとしました。私が帰るのは兵隊たちが目指す国境ではないのです。

兵隊たちの顔は一様に無表情で、銃を杖に足を引きずりながら歩き始めました。これがあの威容を誇ったドイツ軍の姿であろうか……。

私はその列を見送ると、舗道から分かれた小道を歩き始めました。何か足元がおかしいと思ってみると、いつのまにかハイヒールの踵が折れていました。戦火の中を夢中で駆けていたので気づかなかったのです。歩くたびに身体が傾き、のどが灼けつくように渇き、疲れが重く全身を覆っていました。それでも「私は生きているのだ、歩かなければ」という意識に憑かれて歩き続けました。私の命を救ってくれたあの若い将校はもう私の傍らにいないのです。ふいに涙があふれてきて、私はその場に座り込んでいました。草原の墓標もない異国の土に眠る若い将校……、私の胸は張り裂けんばかりに苦しく切ない思いでいっぱいでした。

（『六千人の命のビザ［新版］』）

たったひとり「家族のいる山荘へ帰ろう！」と決意する勇気。日本女性は強い！　と息を呑む。ところが今度は、パルチザンに捕まってしまい、銃口を突きつけられる。

厳しい顔をした男たちの目が光り、いまにも弾丸が私の身体に撃ちこまれそうな気配です。昨夜の戦いでまだ興奮の覚めやらない様子でした。しかし、泣き叫んで命乞いをするような真似は私にはできません。銃口を当てられたまま、私は立ち続けていました。そのうち次第に強く銃口が私の身体に食い込んできました。《撃たれる！》と思いました。

「撃つなら撃ちなさい！　私は日本人です」

日本語で声を高くしてそう叫びましたが、脚は震えていました。私の声に男たちは驚いてひるんだのか、銃を引きました。

「ロシア語かドイツ語を話せる人を連れてきなさい」

　私が言うと、一人の男が探しに出ていきました。しかし田舎のことです。なかなか話せる人は見つからないようでした。やっと夕方になって、ドイツ語の分かる青年がやってきました。私がこれまでのいきさつを話し、ようやく納得してくれました。

「失礼なことをしました。どうぞお座りください」

と椅子をすすめてくれました。朝から男たちに囲まれて立ち続けていた私は、ホッとしたとたんに身体中の力が抜けていくように感じました。


（『六千人の命のビザ［新版］』）

　8日ぶり、やっと帰ったブカレスト郊外の山荘。妻を探しつづけた杉原は、げっそり痩せていたという。

罷免を覚悟しての帰国

　1945年、敗戦。

　杉原ら公使館の外交官とその家族は、ソ連軍によってブカレスト郊外で収容所生活を送ることになる。敗戦国の外交官という立場がどんなにつらいものであったか想像できるが、食べるものに困るということはなかったらしい。彼は貧乏を恥じないどころか、敗戦国民であることすら恥じなかったのではないかと私は想像する。

敗戦に伴い日本政府は海外の日本大使館、領事館を次々と閉鎖した。杉原のいたルーマニア・ブカレスト公使館にも閉鎖の知らせが来たが、その後、どういうわけか帰国の命令が出ず、ソ連軍に1年間拘束されたのである。やっと日本に帰ってきたのは１９４７年。海外の大使館、領事館の中で、最終であった。

これが何を意味するのか？　後の杉原の罷免につながるのではないかと言う人もいる。

やっと帰国が許されウラジオストクから大連へ。大連からの引揚船は「恵山丸」という貨物船で、多い時には一度に三〇〇〇人が乗船したという。「恵山丸」にはハルピン学院卒業の通訳官・秋元哲雄が勤務していた。彼は新婚の妻へ毎日手紙を書き、これが遺稿『引揚船からの手紙』という小冊子に収録されていると知って興味を覚えた。そこからの引用である。

「(四月三日) 最終船に、奇しくも杉原という外交官の一行が乗船していた。杉原さんは名を千畝といい、学院の古い先輩として知っていたので、すぐご一家と親しくなった。洗練された美しい婦《ママ》人に、十二を頭に三人の男の子は、なんとロシア語、ドイツ語、フランス語を巧みにあやつり、こちらは眼を丸くしてしまった。父親が欧州各国領事歴十余年で、数か国語ペラペラなんだから、当然のことであろう」

「杉原さんとは話がはずんだ。外務省へ戻ればクビが飛ぶことは覚悟しておられ、狭い世界観に閉じこめられた古い日本より、自由と平和の新しい日本に、少しでも貢献できれば幸せですよ、とキッパリ。情報の量と質ではダントツのプロ中のプロ、素人の小生は、この硬骨漢で大先輩の前では、ただハアハアと傾聴するほかなかった次第」

（渡辺勝正編著『決断・命のビザ』大正出版）

しかしながら、帰国して2ヵ月めの外務省からの退職勧告は厳しいものであった。

幸子夫人は、こう書き記している。

夫は〈こういうことになるのでは〉と覚悟していたようでした。しかし外務省のために全力を使い果たして帰国した身に、この仕打に対しては、やはりがっかりした様子でした。ユダヤ人を助けるために本省の命に背いてビザを発行した時点で、すでにこうなることは決まっていたのですが、ヨーロッパは遠いために生き延びてきたというのでしょうか。

ものがある。

（『六千人の命のビザ［新版］』）

再び幸子夫人の書から引用させていただく。

外務省罷免後の、厳しい生活

しかしながら若い頃の貧乏より、家庭を持ち育ち盛りの子どもを抱えての貧乏は、厳しい

その後、数カ月して外務省から退職金の明細が送られてきました。金額は数万円。それは戦前に決められた額でした。すでに前年の昭和二十一年二月に、円の切り替えが行われていました。退職金はまたたくまに生活費に消えました。スイスの銀行に預けていたお金を引き出すことができて、それをしばらくは生活費に充てることにしました。

（『六千人の命のビザ［新版］』）

「これは、かわいそう。やはり貧乏はつらい」

顔をしかめるガブリエラ。

「でも彼は、グチは言わなかったでしょうね、日本人だから」

「そうね。ヨーロッパ人は、苦しいことは奥さんに打ち明けるけどね」

私もうなずく。これが日本との大きな違いだと思う。日本の男は、自分の思いを最後の最後まで妻にも打ち明けない。ヨーロッパでは夫婦は一体であり、互いにコミュニケーションが要求される。さて、どちらがいいのか？

現実の生活はたちまちのうちに困窮してきたのです。時々夫が実家のある岐阜に行き、お米を抱えてきてくれました。それでも食べ盛りの子供たち三人の食欲を満たすには足りません。さつま芋とかじゃが芋で二食をまかない、夕食だけにお米を味わうという生活が続きました。

遊んで夕方帰ってきた子供たちが、

「御飯なあい？」

と聞く言葉がつらい毎日でした。当時は日本中が飢餓の中に置かれていたのです。食料のほとんどが配給制でしたが、配給されるものでは足りません。闇売、闇買で命を支えていたのです。

（『六千人の命のビザ［新版］』）

やがて退職金も使い果たし、杉原はいろいろな職業を転々とする。故郷の岐阜県まで買い出しに出かけたこともあるという。

その後、川上貿易株式会社（のちに株式会社蝶理）のモスクワ事務所長として、単身生活をしていた。育ち盛りの子どもを日本に残しての十数年であった。日本の家族への送金を続け、自分は質素な生活に徹していたのである。早稲田大学時代の経験があってこそ、ではないだろうか。

心ない外務省内の噂

「ねぇ、ガブリエラ。杉原にとって辛かったのは、罷免よりも貧乏よりも、外務省から出たらしい心ない噂だったと思うわ」

この質問は、私が今のガブリエラにいちばん聞きたかったことである。

「わかってます！　わかってます！」

ガブリエラは大げさに手を振り、

「お金より名誉の国なのに、なぜそんな噂が出たのかわからない」

「まったくね」

ふたりとも、顔を見合わせて、ため息。これまたザビエルの時代と重なったということか。

なぜ罷免になったか？　は意見が分かれるところであるが、当時、外務省の内部には「ユダヤ人からビザ発行のための手数料として、多額のお金をもらっていた」という噂があったらしい。

それに一切答えることを潔しとしなかった杉原千畝。ザビエルの日本人の貧乏観について語り合ってきた私とガブリエラは、ここに日本人の金銭観を見たような気がしたのであるが、皆様は、いかがであろうか。

杉原は何の弁明もせず、外務省を去った。

そのときの心境を、妻・幸子さんは、こう語っている。

外務省の同僚であった人たちの口から「杉原はユダヤ人に金をもらってやったのだから、金には困らないだろう」という根も葉もない噂が語られていることを知りました。夫は戦後、外務省の人たちとの一切の交際を断っていました。その口惜しさはどれほどのものだったか。しかし、夫はその思いを自分の胸のうちに仕舞い込んで、抗議ひとつ口にはしませんでした。

（『六千人の命のビザ』［新版］）

この疑問は、すぐ解決する。カウナスで杉原からビザをもらった全てのユダヤの人々が、杉原は日本政府の許可を得て発給していると信じていたのである。

それなら、杉原にお金など払う必要もないではないか！

杉原千畝研究会代表の渡辺勝正先生は、イスラエルで直接、そのユダヤ人のひとりであった宗教大臣バルハフティックに確認したということだ。真実は、ひとつであったのだ。

では、一体杉原は、どうやって暮らしていたのか？

妻・幸子さんには「米のかつぎ屋でもやろうか」と言っていたというが、彼にできることではなかったようだ。

生まれ故郷の岐阜県八百津町から持ち帰った米は夕飯だけ。反対に東京で仕入れた電球を八百津町の親戚を通じて売っていたという。日本中が闇でしか食べるものが手に入らない時代。育ちざかりの3人の男の子のために、藤沢と八百津町を行き来する杉原が目に浮かぶようである。

「ちなみに、ザビエルが触れた日本人は特定の階級だけではなかった、というのがすごいですね」

ガブリエラが話題を変える。

「たくさんの日本人と接したということでしょうけど、日本語も十分でないのにすごい！」

「つまり日本人の気質を名誉心と捉えていたということでしょう」

つまり名誉とお金を、対で考えていたということであろう。

ザビエルの見た日本人だけでなく、そして現在にも通じる日本人の気質として、戦後薄れてきたとはいえ、羞恥心、我慢強さ、質素が挙げられるのではなかろうか。

日本人の気質は、明治維新で変わったとか、戦後になって変わったとか、江戸時代は別の気質を持っていたと言われるが、その中で変わらなかったものもある。

「3・11のときの日本人の行動が世界中にテレビなどを通じて伝えられましたね。あれにはイタリア人もビックリでしたよ」

「それはわかるわ。なくした財布が必ず出てくる国だから」

第四章　人種差別をしない「日本人」

フランスしゃぶしゃぶパーティ

母の介護で帰国したため、エクス・アン・プロヴァンスのアパートは人に貸している。その契約のためフランスへ帰ったときのこと、久しぶりに昔の友達に会いたいと〈しゃぶしゃぶパーティ〉を開いた。中には子ども連れもいて、歳月の流れを感じたものだった。

フランスでは20歳過ぎたら、年齢は関係ない。当時の彼らと私は親子ほど年齢は違っていたが、友達として接してくれていたことが、日本に帰ってから懐かしく思い出されたものだった。マダガスカル人のジャーノがいないのがさみしい。

久しぶりのプロヴァンスの我が家に、ポールから電話が入る。

ポールは当時プロヴァンス大学の大学院生で、神学専攻。日本で禅の修行をするのを手伝ってあげたこともあり、メールのやり取りが続いている友達だ。

「ボンジュール、レイコ！　久しぶり！　招待してくれて、ありがとう。ところで明日のパーティで、日本人のあなたに会いたいという友達がいるんだけど、連れていっていい？」

テーブルを囲んでのディナーパーティならともかく、〈しゃぶしゃぶパーティ〉は誰でも自分の友達を連れてくることができる。

「いいわよ、もちろん！」

するとと彼は、なぜか一瞬黙ってしまったのだ。

「どうしたの？　ポール」

「いや、あのね。彼は僕の友達なんだけど、彼は最近、政治に興味を持ち始めている。それはいいんだけど、フランス人がいちばん優秀だとか、フランスの利益を守るべきだとか、そんなことをよく言うんだよ」

私はピンときた。

「そう思う人は、どこの国にもいるんじゃない？　それはそれでいいと思うわ。でも他の国にも、『自分の国はすばらしい、自分は自分の国を愛している』と言う人がいるということをわかっていれば」

「僕もレイコに賛成だ。それが大人のやり方だよね。ただ彼は、大のナチス嫌いなんだ」

「ナチスが嫌いな人は大勢いるわ」

「うん、それでね……」

なぜか彼は、また口ごもる。

「どうしたの、ポール？　あなたらしくないわ」

「実はハッキリ言うけど、彼はナチスと日本は同罪だと思っている。思っているだけでなく、最近は堂々と公言しているんだ。で、そんなことをレイコに聞きたいらしい」

私は一瞬とまどったが、

「そういう話をパーティでするのは良くないと思うけど、でも、集まるのは若い人たちだけだから、いいんじゃない？　昔の学生気分に戻りましょうよ。ほら、夜中までよく話したじゃない？　あの感じで、学校のゼミの続きみたいな感じでディスカッションしたらどう？

彼は英語話せるの？」

「うん、僕よりも話せる」

「じゃ、大丈夫よ。そんな話、とても私のフランス語ではついていかれないから」

「わかった。じゃ、連れていくね」

電話は切れたが、正直あまりうれしくなかった。またまた、「日本とナチスは同罪」か……と思ったのだ。

ヨーロッパに住み始めて、何回聞かれたであろうか。そのほとんどが、同罪と決め込んでいる人たちからばかりであった。だから執拗で、感情的で、誰かもうひとり日本人がいてくれたらと、よく思ったりしたものだ。

極右政党「国民戦線」とは？

今、フランスでは、最右翼ともいえる「国民戦線（FN）」政党が、注目を集めている。

移民問題やテロが横行するフランスにあっては、党の主張に惹かれていく若い人たちが多いのもうなずける。

頭角を表したのは、サルコジ政権のころ。創始者はジャン・マリー・ルペン。フランス・ナショナリズムを掲げる南フランスの〝保守派おじさん〟と見られていたが、どんどん勢力を伸ばしているのは、次々と起きる難民問題で、国民が〝自分たちだけの利益〟を考えるようになったことだといわれている。

追い風になったのはパリ同時テロ。「自分の国は自分で守ろう」という〝生粋〟のフランス人に支持され、支持者を広げている。

生粋のフランス人の利益だけ守ろうという彼らの主張は、移民、外国人が攻撃の対象となっていき、ナチス批判からユダヤ人差別へとルペン氏のナショナリズムは留まるところを知らなかった。グローバル化はもちろん、EUからの撤退すら叫んでいる。

しかし、支持する人たちの背後には、グローバル化で地域産業を失い、孤立化するフランスの地方の実態があるといわれる。

私の住んでいたプロヴァンスは、この国民戦線の地盤。パリの人たちからは保守的と目されている地方である。

最近、三女のマリーヌ・ルペンに党首の座を譲り、大衆路線に切り替わったことで、失業問題を抱える若い層の支持を伸ばし、次の選挙では第一党になるのでは？　とも噂されている。

日本とナチスは同罪か？

さて〈しゃぶしゃぶパーティ〉当日、ポールの友達のアランに紹介される。

フランス人らしい亜麻色の髪とブルーの眼の神経質そうな若者だというのが、私の第一印象であった。小さな町のことなので彼を知っている人も多く、何人かが握手している。

もう私が手伝わなくても皆が〈しゃぶしゃぶパーティ〉の手順を知っているので、材料から何から全部用意してくれていた。

近年フランスで発売された日本のビールで乾杯し、さっそくワインが開けられる。

久しぶりに貸し倉庫から取り出した日本の大きな土鍋2つを囲んで、数えてみると12人。中には中学生の子どもを連れた人たちまでいるのが、なんともはや、過ぎた年月を感じさせる。ほとんどが結婚しているか、最近日本でも知られるようになったパクス婚。

なつかしい！　うれしい！　握手とキスのフランス流コミュニケーションがひと息つくと、思ったとおりアランが突っ込んできた。

「レイコ、ずっと僕は思っていたんだけど、今夜あなたと会えたので、聞いてみたいと思った。日本、ドイツ、イタリアが同盟を結んでいたことは、あなたも知っていると思う」

私は答える。

「もちろん知っていますよ。私は若いころ、1970年代ですけど、日本人の友達とリュックを背負ってユーレイルパスを使ってフランス、ドイツ、スペインなどを旅行しました。その時、フランス人はとても冷たかった」

彼らが知らない昔の話なのであろう。全員不思議そうな顔をして聞いている。

「ところが、列車がドイツに入ると、言葉も通じないのに皆親切でした。またイタリアに入ったとたんに、汽車の車掌さんがイタリア人になりますよね。『日本人か？』と聞かれ、『そうだ』と言うやいなや、突然キスして抱きしめられました」

へー、そんな時代があったのかと、皆は目を丸くする。彼らは若いのだ！

アランが続ける。

「ドイツはフランスの半分を占領し、一時は首都がパリではなくヴィシーに移ったこともある。ナチスの残酷さがいちばん表れるのは、ホロコーストだろう。アウシュビッツへはレイコも行ったとポールから聞いている。本当ですか？」

「本当ですよ。昔、オランダに住んでいたとき、ポーランド・クラコフ版画ビエンナーレの買い上げ賞の賞金をもらって3週間滞在して、そのときアウシュビッツに行きました。たしか『世界負の遺産』になる前の年でした。クラコフに帰ってきてから、食事が喉を通らなかったのを覚えています」

ユダヤ人を逃がす地下組織

アランが大根おろしを作りながら、手を挙げた。大根は昔はヨーロッパで売っていなかったが、今はポピュラー。しかし、大根おろしは日本だけのようである。

「フランスはナチスに徹底的に抗戦した。ここプロヴァンスから近いニースには、フランスに住むユダヤ人をイタリアに逃がす地下組織すらあったんだよ」

「え？　それは初耳です。なるほど、イタリアとドイツは同盟国だったからですね」

「ニースだけではなくフランス中で、そういう動きがあったんです」

「それは知っています。オランダだって皆さん知っているように、アンネ・フランク一家を助けたのはオランダの市民たちです」

アンネ・フランクについては日本人もよく知っていると話すと、皆は大きくうなずく。

アランは、一瞬口をつぐむが、意を決したように英語に変えた。

「残酷さにおいて、日本人はナチスと似ている。ナチスと同じだと言う人もいる。レイコ、あなたの意見を聞かせてください」

急に、しゃぶしゃぶの音が大きく聞こえてきた。しかたない。皆が互いのお喋りをやめてしまったからだ。

私は重い口を開く。

「まず皆さんに聞きたいのですが、第二次世界大戦が始まったのは千九百何年ですか？」

「1939年」

「ドイツがポーランドに攻め入った時から始まったのでしょう？」

みんなが口々に答える。

「それはヨーロッパ人の考えです。日本人は、第二次世界大戦に日本が参加した1941年からだと思っている人がほとんどです。でもそのとき、すでにナチスのホロコーストは始まっていました」

ざわめく一同。

「当時は今のようにネットも発達していなかったし、日本人でナチスの横暴を知っていたのは外務省関係者か、当時ヨーロッパにいたほんのひと握りの日本人しかいなかったと思います」

誰もが食べるのをやめてしまった。しゃぶしゃぶの煮つまる音がしてきた。誰かが台所に水を取りにいく。

第二次世界大戦とは何だったのか

するとアランが、ポツリと言う。

「パール・ハーバー」

私はピンと来る。彼は、このひと言を言いたくて、私と会ったのだ！

「そうです。１９４１年の真珠湾攻撃ですね。日本は奇襲をしたと言われています。でもアメリカは日本の暗号は全部読んでいたし、日本が攻めてくることをルーズベルト大統領は知っていました。

日本を経済封鎖に追い込んでいたアメリカとしては、日本から仕掛けてくれるのは、ありがたいことだったのです」

「そんな話、聞いたことがない」

誰かがつぶやく。

「日本はＡＢＣＤ包囲網、つまりアメリカ、オランダ、中国、イギリスの経済封鎖にあって、東南アジアからの石油をストップされました」

誰ひとり、知らない。仕方ない。日本人だって知らない人がいるのだから、仕方ないが。

「ただ皆さんにわかっていただきたいのは、第二次世界大戦は植民地解放の戦争でもあったということです。例えば日本は東南アジアのフランスの領土であったベトナムを解放した。それで不利益を被ったフランス人もいると思いますが」

その後、私は東南アジアに進出した日本軍の話をした。

第一次世界大戦後、ドイツ領であったパラオを委託統治した日本政府がやったことは、まず水道を引くこと、それから学校を建てること。ドイツ領だった頃は腰ミノ姿で劣悪な生活環境にいた現地民は、日本に感謝した。

それは日本人にとっては、同じ有色人種だったからということでもあったろうが、それまでの植民地政策を行ってきた白人に対する見返しでもあったに違いない。

現地人死者ゼロのペリリュー島

「このパラオにある小さな島・ペリリュー島には、当時、日本の部隊が置かれていました。でも日本兵は膨大な量を誇るアメリカ軍によって全員死亡しました。しかし島民には、ひとりも死者が出ませんでした。なぜでしょうか？」

「戦いが始まる前に逃げ出したんでしょう？」

誰かが答える。

「いえ、違います。島の人たちは、日本軍と一緒に戦いたいと司令官に頼んだのです。なぜなら、ドイツが占領していた時代と違って、日本人はパラオの人たちを同じ人間として考え、生活も豊かになったからです」

私は一座を見回す。最後の〈しゃぶしゃぶパーティ〉から10年。当時の学生たちは、社会人となり家族も持っている。あっという間の10年であった。

「それなのに誰も死ななかった。それは、日本の司令官が嘘を言って逃がしたのだといわれています」

1944年、日本軍と一緒に戦いたいと申し出た現地の人々に、隊長の中川州男《くにお》大佐は、こう告げる。

「我々日本の軍人は、お前たち土民と一緒に戦いたくない」

パラオの人々は、怒った。

「日本人もドイツ人と同じじゃないか。俺たちのことを、植民地の人間としか考えていなかったんだ！」

そして全員、複雑な思いを抱いて、パラオ本島行きの連絡船に乗り込んだ。

その時であった。船が浜を離れると、海岸に日本兵たちが走り出てきて手を振り始めたのだ。先頭に立っているのは、あの中川大佐であった。

船の中でパラオの人たちは泣いた。

「日本人は死を覚悟して、現地の人たちを逃がしてくれたんだ」

「だからあんな嘘を言ったんだ」

戦後、独立したパラオ共和国の国旗は日本の日の丸に似ている。

私は、皆に告げた。

「はっきり言って、ドイツ人がユダヤ人にしたような人種差別はなかったと思います」

世界初、人種平等を提案

「するとレイコは、日本は人種差別はしなかったというのかい？」

アランが、また突っ込んできた。

「そうですよ。だって皆さんは知らないでしょうけど、第一次世界大戦が終わったときのベルサイユ会議で、人種平等を国際連盟に提案したのは日本です。それがいい証拠じゃないですか」

第一次世界大戦後に講和会議、いわゆるベルサイユ会議において、当時の国際連盟に日本は人種差別撤廃の議案を提出した。これは１９１９年であるから、ちょうど杉原は早稲田大学の学生であった頃。彼の将来の夢が外交官に向かっていったのも、このためではないかと私は想像する。

わずか九十何年前の話であるが、当時まだアメリカは奴隷制度があったし、オーストラリアは白濠主義で、白人が支配していた。そして日本人が知らなくてはならないのは、当時のアジア、アフリカで、植民地でなかったのは、日本とタイの2ヵ国だけであったことである。

だから、世界の列強イギリス・フランス・イタリア・アメリカに日本が加わり、これが主要5ヵ国であった。この5ヵ国は代表5名を送り、日本からは西園寺公望《きんもち》元首相、イギリスからはデビッド・ロイド・ジョージ、イタリアからはヴィットーリオ・エマヌエーレ・オルランド、フランスからはジョルジュ・クレマンソー、アメリカからはウッドロウ・ウィルソンが参加した。この会議は、いわば有色人種が初めて参加した国際会議であったのである。杉原の心を揺さぶる何かがあったのではなかろうか。

日本以外の4ヵ国の首相は四巨頭と呼ばれ、4人が話をしているスナップ写真が有名であるが、ここに日本が加わった写真がないのは、たいへん残念である。このときの会議のいきさつ、進行、なぜ日本の提案が拒否されたのかについては、小書『意外に日本人だけ知らない日本史』（講談社＋α新書）に詳しいので、お読みいただければ幸いである。

そして、イギリス、フランスに関して言えば、当時、世界の4分の3を植民地として所有しており、人種平等どころではなかったはずである。この人種平等の提案をした背景には、日本が国際舞台に躍り出たことを強くアピールする大きな効果があり、それは世界に衝撃となって走った。

日本が有色人種として初めて列強の仲間入りを果たしたことは、アジア、アフリカはもとよりアメリカの黒人にも「自分たちもやればやれる！」という気運が高まった。

中でもアメリカの「ブラック・ナショナリズム」の指導者といわれるW・E・B・デュボイスは、全米黒人地位向上協会を創立。日本人として疋田保一や中根中《なか》との交流もあった。

また当時の日本だけでなく、満州も視察している。

なお、M・L・キングやマルコムXはアフリカ系であるが、デュボイスは父親がハイチの出身である。

ドイツ人嫌いのフランス人

私の話はだんだん「人種平等」になっていってしまった。するとドイツ人留学生としてポールと一緒に学び、今はフランス人と結婚してマルセイユに住んでいるハンツが、身を乗り出してきた。

「ところで、アランはもともとドイツ人嫌いじゃないのかい？　だからドイツ人と日本人を結び付けているように、僕には思えるけど」

「そんなことないよ」と、色めくアラン。

「僕がフランスに来て、最初に出会った物語がドーデの『月曜物語』だった。もちろん、皆は知っていると思うけど、レイコは知っている?」

「もちろん知っているわ。日本では、とても有名。私は小学校のときに教科書で習いました」

「え! 日本の教科書で教えているんだ。すごいね! これはフランス人が書いた物語だから、フランスの愛国心に溢れている」

ハンツは言った。

「これは、第一次世界大戦のときの物語です。戦争でドイツは負けた。この物語のザール地方は、昔からドイツ領になったりフランス領になったりしていた地域だが、どちらの国もこの地方の石炭が欲しかったから。しかし戦争は、勝ったものが優位に立つ。当然、ザール地方はフランスに返還されたが、ドイツは多大な賠償責任を負った」

アランが反論する。

「お前は、何を言いたいんだい? ドイツはいつも正しいというのかい? だいたいドイツ人がナチスに全責任を負わせているのは、おかしいと思う。ヒトラーは、国民の支持を得て立ち上がった政権じゃないか」

今度は、ハンツが大げさに顔をしかめる。

「冷静に！　僕が言いたいのは、なぜヒトラーが台頭したかということだ。まあ、ちょっと聞いてください」

そう言って彼はすくっと立ち上がり、立ったままで話し続けた。

「第一次世界大戦後、ドイツ国内は大不況に陥り、人々は何の希望もなくなった。これではいけないと立ち上がったのがナチスです。ユダヤ人を国の戦略として巧みに操ったのは、よくないと思うが、あっというまに国民の支持を得た。誰だって自分の国が大切だ。そうじゃないのかい？　アラン」

なお、このパリ講和会議で忘れてはならないのは、このときの話題は、第一次世界大戦における戦勝国・連合国（日本を含む）と敗戦国・中欧同盟国（ドイツ、オーストリア）の対立であった。

いちばん大きな被害を受けたフランスは、ドイツを糾弾、領地の返還だけでなく、莫大な賠償金を要求をした。この中で主張されたザール地方の領有は、日本の皆さんもご存じのドーデの『月曜物語』にある（「最後の授業」）。『月曜物語』はプロヴァンスの新聞に毎週月曜に掲載された短編小説を集めたものである。

アルザス・ロレーヌ地方はドイツに占領されると同時に、ドイツ語を話さなくてはならなくなり、フランス語が国語ではなくなってしまう。これは、その時代の小学生の物語である。

このとき多大な賠償責任を負わされたドイツは、後に不況に陥り、これではいけないと立ち上がったのがナチス。ちなみに、ヒトラーはこのとき伍長で、第一次世界大戦の象徴として有名になった塹壕《ざんごう》にいたという記録もある。トレンチコートのトレンチとは塹壕のこと。戦場のユニフォームが、ファッションになったのである。

パリ講和会議において日本が提案した「人種差別撤廃」は、アメリカが全員賛成を条件にという圧力をかけたため不採決となったが、第二次世界大戦後、人種平等条項が採用され、人種平等の理念が世界中に広まった。日本が先鞭を付けたと言っていいであろう。

ユダヤ人を助けた日本人がいた！

「確かに人種は平等かもしれない。だけど、それぞれ考えが違うのは仕方がないだろう。自分の国がいちばんすばらしいと考えるのは、自然なことじゃないかな？」

ポールが中に入る。

「それはそれで、自然なことだと思う。だが、アラン、君は日本人はナチスと同じだと、ナチスに共鳴したと確かめに、ここに来たんじゃなかったのかい？」

「そうだ、そのとおりだ。僕は日本はドイツと同盟国だったんだから、当然ナチスを認めていて、ユダヤ人を迫害したと思っていた。だけど、レイコの言うとおり、確かに日本は離れていたし」

ポールは、笑い出す。

「そうだよ。ユダヤ人を助けたいと思ったって、助けられなかったよ」

「いいえ、違うわ、ポール」

あわてて私はポールをさえぎる。

「ナチスの手を逃れたポーランドからの６０００人のユダヤ人が日本に来たことを、皆さん、知らないでしょう？　彼らはシベリア鉄道を使って、日本へ上陸。日本人は公衆浴場を開放したり、食べ物を分けたり、親切でした。彼らはこの後、アメリカや上海に逃げていきました」

「でも、どうやって彼らが日本に行ったの？」

シルビアが大きなおなかを擦《さす》りながら言う。

「ユダヤ人が日本に入るには、ビザが必要だったでしょう？」

「日本に行くとなったら、シベリア鉄道を通るしかない。ドイツと同盟国にあった日本が、ビザを出すはずはないじゃないか」

あまりの執拗さに早く終止符を打ちたかった私は、タブレットを持ってきてアランに渡す。

「さあ、アラン、ここでチウネ・スギハラを検索してください。日本人がナチスと違うことがわかるでしょう」

タブレットを覗いていたアラン、思わずフランス語でつぶやく。

「えっ、6000人のユダヤ人を助けた?」

ポールがタブレットを覗き込む。

「へー、リトアニアの領事代理だったんだ。知らなかったな、この人のこと」

数人が自分のスマホで検索を始める。

N・Yで千畝を知ったフランス人

するとアンヌが、中学生の長男の肩を抱いて立ち上がった。

「私も息子も、この人のことを知っています。去年アメリカに行ったとき、ニューヨークのホロコースト・ミュージアムを訪ねました。そこで、この人のことを知りました。この写真、覚えています。この子も覚えています」

それから座って、こう続ける。その手は、自分の息子の手を握りしめたままだ。

「そのとき私は、アメリカ人の友人と一緒でした。彼女は自分がユダヤ人であることを、初めて話してくれました。そして、この日本人のことは、ユダヤ人だったら誰でも知っていると言っていました」

皆が息をひそめて、アンヌを見つめている。アンヌは、私に向かってほほえんだ。

「今日、久しぶりに会ったレイコからこの話が聞けるなんて、本当にうれしい。私はレイコの意見に賛成です。日本人はホロコーストのことなど、ほとんど知らなかった。そして知っていた少数の日本人は、ユダヤ人を助けようとした。これは事実です」

また、ザワザワと話が始まる。私は「あらあら、出汁が煮詰まっちゃって」と言いながら台所に走る。今は他人に貸してしまったフランスの懐かしいアパートの契約のために帰ってきたのだが、この台所が使えるのも今夜しかない。

ポールが大声で叫ぶ。

「さあ、もう一度飲み直そう。そろそろ赤ワインに切り替えようか！」

それからちょっと気まずい気分になってしまったアランに、こう声をかける。

「アラン、いい情報をもらえてよかったね。第二次世界大戦当時と今とでは、情報量が違うということがよくわかったろう？」

アランは、フランス人らしくきっぱりと言った。

「僕も三国同盟について、もう一度勉強しなければいけない。レイコ、教えてくれる？」

私はアランに、こう声をかけた。

「アラン、あなたがフランス人の誇りを持つのはいいことだと思います。私も杉原千畝のことを知って、改めて日本人の誇りを感じました」

杉原千畝の書いたビザを持って、やっと日本にたどり着いたユダヤの人々は多くの日本人に助けられた。

杉原千畝がリトアニア・カウナスで必死の思いで書いたビザは、「杉原リスト」では2139通となっている。しかし彼は領事館を閉鎖したあと、ホテル・メトロポリスや、ベルリン行きの汽車を待つカウナス駅でも書き続けており、その数は記録にはなく1500とも2000ともいわれているが、正確にはわからない。

彼は一家族に一通のビザということで書いたので、概算ではあるが約6000人もの人々が救われたとされているのである。

この人たちがウラジオストクに着いたとき、日本交通公社（現在のＪＴＢ）は、ユダヤ人に無償で日本行きの切符を渡したという。それは日本のユダヤ人組織が代金を立て替える約束だったと言われている。ナチスの手から必死で逃れてきたユダヤの人々は、今で言えば難民であった。この人たちを受け止め、支えたのは、杉原や第五章でも触れる樋口季一郎、安江仙弘《のりひろ》の名に隠れているが、名もない日本人だったのである。

6000人が敦賀上陸！

「ねぇ、レイコ、教えて。それにしても……」

アンヌの中学生の息子が、少々遠慮がちに私に声をかける。

「なあに？　何でも聞いて。こんな話、大人だって知らないのよ」

私の言葉に勇気づけられたように、彼は、

「6000人のユダヤの人は、日本のどこに行ったの？　東京？」

「いい質問ね！」

まず、ユダヤの人々はウラジオストクまでシベリア鉄道で行った。2〜3週間の辛い旅。「駅にとまっても、外へは出られなかったのが辛かった」と、当時8歳だった少女は思い出を綴っている。それだけではない。ロシア兵によって金品を巻き上げられたり、モスクワへ戻される危険もはらんだ恐怖に満ちた旅であった。

ギュウギュウ詰めの船旅ののち、敦賀の港の灯を見つける。「天国のように見えた！」と、誰もが口をそろえる。

ホロコーストのことを知らなかった敦賀の町の人々は、着のみ着のままでたどり着いたユダヤの人たちに同情し、人々は言葉がわからないながらも、食べ物を差し出して、公衆浴場は一日ユダヤ人のために無料で開放。宝石や時計をお金に替えたい人たちを、少しでも助けようとした。当時の新聞は、こう伝えている。

「口を揃えて言うことは、日本の戦争を知らぬげな平和そのものの姿、日本人の親切をたたえることだった。敦賀に上陸第一歩で、心うたれたというのだ」（朝日二一・六）

（渡辺勝正著「真相・杉原ビザ（改訂版）」大正出版）

日本でも助けた人々がいた

「ユダヤ人を助けたのは、杉原千畝だけではありません。日本人は誰でも親切でした」

私は声を大にする。

中でも有名なのは、小辻節三《こつじせつぞう》。小辻はユダヤ学の専門家として知られ、神戸ユダヤ人協会からの要請を受けて、政府との交渉の仲介役を引き受ける。

杉原ビザの日本滞在日数は10日間だったが、ほとんどの人が受け入れ国が決まっていなかった。松岡洋右《ようすけ》外相に直接かけあい、ビザ延長の権限がある自治体を動かすことができたら、外務省は目をつぶることを約束させる。

この超人的な努力により、ほとんどのユダヤ人が真珠湾攻撃が始まる前に、アメリカや上海に出発することができたという。

「日本人はユダヤ人に、なぜ偏見を持っていなかったの？」

中学生がズバリ聞く。

「まず、日本にはキリスト教徒が少ないこと。それと日本に住んでいたユダヤ人は少なかったから、ユダヤ人に嫉妬《しっと》したり反感を持ったりする人は、皆無と言ってよかった。だからヨーロッパの人たちのような、変な先入観はなかったのよ。それに加えて、誰とでも仲良くやっていこうというのが、日本のモットーだからよ」

「思い出したよ、レイコ！」

ポールが叫ぶ。

「日本には7世紀に憲法があったんだよね！　皆、学生時代にレイコから聞いて驚いたことを思い出したよ」

聖徳太子の「十七条の憲法」の話を覚えていてくれたのだ。

「フランスのモットーは、自由、平等、友愛だよ」

得意そうな中学生。

「そう、どこの国にもモットーがあるわね。でも困るのは、自分たちだけがいちばん偉いと思うことよね」

私は日本の高山市の中学生に語っているのと同じことを、念押しする。

「そうだね、ヒトラーになっちゃうね！」

中学生のひと言に、アランもポールも全員が、いっせいに笑顔になったのであった。

その後、アランがのめり込んでいったフランス国民戦線は、面白い決断をした。

ユダヤ批判を繰り返した元党首ルペン氏を、現党首が除名したのだ。現党首というのは、実の娘である。このニュースを日本に帰ってから知った私は、ポールにメールした。

ポールから返事が来る前に、アランからメールが来た。

「レイコ、この間はありがとう。今回の国民戦線の決定は、すばらしいと思う。この決定をした国民戦線に、僕はこれからも協力します」

第五章　〈武士道〉の国の「日本人」

フランス人が考える杉原の偉さ

「日本人は杉原千畝が外務省の命令に逆らってビザを発給したから、偉い、偉いと言うけれど、僕はそうは思いません」

パリのカフェで突然、こう言い出したジュリアンは、日本文学の翻訳家としてパリで活躍している、三島由紀夫が好きなフランスの文学青年である。彼とはもう20年近くのつき合いであるが、ともかく、その日本語の能力たるや、すごい。

杉原千畝については知らなかったが、私がいろいろ日本語の資料を渡したので、自分なりに勉強したようだ。

そもそも最初に会ったとき、私と日本人の友人が「11月23日って、新嘗祭《にいなめさい》だっけ？　神嘗《かんなめ》祭《さい》だっけ？　ナメって、どういう字だっけ？」と話しているのを聞いて、彼が「ナメって僕、書けるよ」と言ったのが、くされ縁のスタートであった。

「じゃ、書いてみて！」

そう言うと、左手に鉛筆を持ってチャチャチャッと書き出す。

「へー、すごいね。じゃ、嘗って、どういう意味？」

「口の中に含んで、ゆっくり味わうという意味」

「じゃ、『臥薪嘗胆《がしんしょうたん》』と書いてみて」と言うや、また左手に鉛筆を持ちサッサッサッと、臥薪嘗胆！

それが彼との出会いだったが、今回は杉原千畝の話をしようと思っていたので、まず彼の写真を見せる。それから紙に名前を書き、「この人、知っている？」「何て読む？」と聞いてみる。彼は、首をかしげる。

「セン……何だっけな、この字は。セン、イッチョウ、イッタン……読めない」

「音読みではなくて、訓読みにしてみたら？」

「チセ？　……違うね、男の人でしょう？　わかった、わかった、ちょっとこの字、うん、わかった！　絵ではわかるんだ、イメージが湧くんだ。英語で言ったら、畑のライン、そうでしょう？　何て読むんだっけな。ライン、ライン、もしかして、ウネ？」

これには、まったく驚く。一町一反一畝《いっせ》、畝はセとも読む。

「この人、ビザを発給した、それだけのことではないですか？」

「あら、どうして？　だってそのために彼は、クビになったのよ」

「命令に従わなかったら、クビになるのは当たり前。彼だって、それを覚悟していたわけでしょ？」

「もちろん覚悟してやったことだと思うわ。でもなかなかできないことじゃない？」

上司の命令に背いたから偉い？

ジュリアンは少し考えてから、

「たぶん、彼はクリスチャン？」

「うーん、最初の奥さんが白系ロシア人だったので、ロシア正教だったともいわれるけれども、小さいとき亡くなった息子さんのときのお葬式は神道だったし、ご本人の葬儀も神道だったと聞いている。幸子夫人は神道だったから」

「なるほど。宗教上の理由ではないということですね」

「そうだと私は思う。でも妻子を抱えて路頭に迷いたくないというのは、フランス人だって同じでしょ？」

「それはもちろんそうだけど、彼が外務省の命令に背いて決断した、それが真っ先に評価されるのは、極めて日本的だということですよ」

私は半分なるほどと思いながらも、ジュリアンを問い詰める。

「日本的ねぇ、じゃ、フランス人は、どう考えるの？」

ジュリアンは、ここぞとばかりにフランス人らしく大袈裟な身ぶりになる。

「彼は自分の考えに従っただけです。たぶん自分の考えを貫いたからクビになった。よくあ

た。

「あっさり言うわね」

……という話になって、私たちは日本人とヨーロッパ人の考え方の違いについて話し合っる話じゃないですか」

やはり個人主義か。ヨーロッパ人たちは自分の考えが先に来て周囲のことは後回しになるが、日本人の場合、まず周囲が来て、その中で自分がどうするか、ということを決定するような気がしているからだ。

杉原は晩年の手記の中で、こう書いている。

本件について、私が今日まで余り語らないのは、カウナスでのビーザ発給が、博愛人道精神から決行したことではあっても、暴徒に近い大群衆の請いを容れると同時にそれは、本省訓令の無視であり、従って終戦後の引揚げ（昭和二二年四月の事）、帰国と同時に、このかどにより四七才で依願免官となった思い出に、つながるからであります。

（『決断・命のビザ』）

杉原自身、自分がビザ発給の件が理由で免職となったことを断言している。しかし、それまでの彼は、何も語っていない。語ろうともしなかったのである。

私はジュリアンに、こう告げた。

「杉原千畝は外交官の責任を果たそうとしたんだと思うわ。だって、ここのところを読んでみて」

私は考え込んだ。仮に、本件当事者が私でなく、他の誰かであったならば、百人が百人拒否の無難な道を選んだに違いない。なぜか?。文官服務規定というような条例があって、その何条かに縛られて、昇進停止とか馘首が恐ろしいからである。私はこの回訓を受けた日、一晩中考えた。家族以外の相談相手は一人も手近にはいない。

兎に角、果たして浅慮、無責任、我武者らの職業軍人集団の、対ナチ協調に迎合することによって、全世界に隠然たる勢力を有するユダヤ民族から、永遠の恨みを買ってまで、旅行書類の不備とか公安上の支障云々を口実に、ビーザを拒否してもかまわないとでもいうのか?それが果たして国益に叶うことだというのか?。苦慮の揚げ句、私はついに人道主義、博愛精神第一という結論を得ました。そして妻の同意を得て、職に忠実にこれを実行したのです。

（『決断・命のビザ』）

ジュリアンによれば、杉原のような行為をした外交官は、当時のヨーロッパでは何人もいたという。

百人が百人とも無難な道をとるであろうという日本的な考え方でなく、自分の思ったことを通していく道を選んだヨーロッパ外交官が何人もいたということは、杉原千畝にとっても、もし知っていたらうれしいことに違いない。

例えばポルトガルのフランス駐在総領事のソウザ・メンデスは、ボルドーで杉原同様ユダヤ人にビザを発給した。杉原と同じ１９４０年のことである。その後、免官になったばかりか、全財産を没収されたという。しかし１９８７年、ポルトガル政府は彼に謝罪し、名誉賞を授与。１９９５年には最高メダルを授与し、名誉回復を行ったという。しかし杉原の場合、遅すぎたというしかない。

私たちの話はだんだんエスカレートしていったが、改めて彼の手記を読むとよくわかる。

「なるほど」

日本語が堪能なジュリアンは、チラッと見ただけで納得した。

「確かに、そのとおりですよね。〈国益〉を考えるのが、まずは国家公務員の基本です」

「そうよね。もし杉原がカウナスでビザの発給を拒否していたら、戦後、日本は国際的に非難されたでしょうね」

杉原の行為を国益という考え方で考えるのは、私も賛成である。外務省の言うことに逆ったとか、人道だとかということよりも、このほうが彼の真意なのではなかろうか。

「日本の外務省も見る目がないですね。こんな人がアメリカ大使になったら、面白かったのに」

「ほんとにね。こういう個性で国際社会に出られる人は日本では少ないから、アメリカ大使には最適だったかも。ロシア大使だって、イスラエル大使だって、ピッタリよね」

「いずれにしても日本の外務省は、もったいないことをしましたね。まあ、僕は日本を知っているから何となく理解できるけど」

〈自己犠牲〉が好きな日本人？

私たちの話は、人間の生き方にテーマが移っていった。

これは日本人と欧米人では考えが違うし、ジュリアンと私がいちばん好きなディスカッションである。ふたりの意見は、「杉原の行為は〝自己犠牲〟だ」ということで、すんなり一致する。

私はうれしくなって聞いた。

「日本人はというより、日本の男はと言うべきかな。〈自己犠牲〉が好きみたいね。まあ、今はそういう人が少なくなっていることも、残念ながら確かだけど」

「こういう話、知っていますか？」

そう言ってジュリアンは、三島由紀夫のエピソードを話してくれた。

ずっと以前、今は亡き三島由紀夫氏とした最後の対談は、『男は、何のために死ねるか』という題目だった。

対談を始める前に三島さんが、

「君は何が男にとって最高の美徳と思うかね。一つ黙って紙に書いて入れ札しよう」

といい出し、二人して紙に書いて差し出し合った。二人の答えは期せずして同じで、『自己犠牲』だった。

そして間もなく三島さんはあの、国家を救うために自衛隊が立ち上がり、いわば反クーデタを行えと促して市谷の駐屯地を占拠し、その揚げ句割腹して死んだ。

あの事件についてはさまざま論があろうからここで私の言は控えたいが、あの出来事の根底には、あの直前に近い時点で二人して行った入れ札の複雑な余韻があったと思う。

（石原慎太郎著『私の好きな日本人』幻冬舎新書ゴールド）

石原慎太郎氏も言っているように、〈自己犠牲〉は日本男性の好きな言葉のようである。憧れであるが、なかなかできるものではないからであろう。

ただ、チャンスがないとできないことである。三島由紀夫の場合は違うだろうが、杉原千畝の場合は、たまたまリトアニアのカウナスに転勤して大勢のユダヤの人々に囲まれたから「決断」できた。もしそういうことがなかったら、ロシア語が堪能で真面目に働く外交官として一生を終えたかもしれない。

人生とは、そういうものかもしれない。天に試されるチャンス、とでも言おうか。そこに、その人の一生の価値観が凝縮される。恐ろしいことである。

しかし、そういうチャンスに恵まれたことを、晩年の彼は天に感謝していたに違いない。

「それにしても、奥さんが偉い！」

私が英語で大声で言ったので、カフェの隣の席の人が振り返った。肩をすくめて、目で謝る。

そんな私にまったく無関心でジュリアンは、こう突っ込んできたのである。

「そう、三島由紀夫だったら、『なかなか女にはできないこと』と絶賛するでしょうね。マダムだったら、どうしますか？」

〈自己犠牲〉は、男の専売特許のようである。やれやれ。


〈ノーブレス・オブリージュ〉


「ところでマダム、『ノーブレス・オブリージュ』という言葉、知っていますか？」

ジュリアンが突然聞いてきた。

「正確にはわからないけど、高貴な人はそれに値する行動をしなければいけないということでしょう？　第一次世界大戦のとき、進んで参戦したイギリス貴族の死者が多かったこと。そしてオックスフォードやケンブリッジ大学の学生もたくさん死んだ、と聞いているわ」

大きくうなずくジュリアン。

「そうですね。高い身分や地位にいる人は、それに伴う社会的責任や義務がある……という考え方。だから日本だけではないんですよ」

「イギリス人と日本人は似ている、ということ？」

「そういうことでもない。たぶん世界に共通のものだと思う。勇気がないと実行できない」

「日本の〈武士道〉と似ているわね」

そういえばフォークランド戦争が起きたのは１９８２年であったが、このときイギリスのアンドリュー王子は、パイロットとして参戦した。当時、〈ノーブレス・オブリージュ〉という言葉が、日本の新聞にも出たような気がする。

そしてジュリアンの話によれば、第二次世界大戦のとき、世界中がイギリスはナチスに負けると思っていたのに、粘りに粘って勝ったという。これは〈ノーブレス・オブリージュ〉のたまものと、当時のチャーチル首相が絶賛したという。

「そうですね。リーダーの条件ともいえる」

「人、固《もと》より一死あり。或《あるい》は鴻毛よりも軽し」

いつものことながらジュリアンの漢字の知識には舌を巻くが、悔しいので聞いてみる。

「また、ひけらかす！　中国の言葉ね。この漢字、鳥の名前？」

するとジュリアンは、「そうですね。確か日本人の政治家が言っていた」とケロリ。またしてもヤラレタ！

「武士道」を作った山岡鉄舟

ジュリアンの話によると、〈武士道〉というのは武士のために武士の心得を書いたものではなく、日本人全体が武士の心を持っているということを書いたものであるという。日本に帰ってから調べてみたら、〈武士道〉という言葉を最初に作ったのは山岡鉄舟だということを知って驚いた。

山岡鉄舟は江戸城明け渡しのとき、西郷隆盛と勝海舟の会談をセッティングした人物である。単身、西郷隆盛の陣に乗り込み面談を求め、あらかじめ勝海舟の考えを伝えている。江戸城無血開城の立て役者といえよう。

後に西郷隆盛が山岡鉄舟を「金もいらぬ、命もいらぬ、名誉もいらぬ。すごい男だ」と評したそうだが、その気概が西郷隆盛を動かしたのであろう。後、明治政府になってから、西郷隆盛に請われて、明治天皇の教育係として10年間働いたのもうなずける。

彼の「武士道」とは、こんな感じである。

一、父母の恩、二、衆生の恩、三、国王の恩、四、三宝（仏・法・僧）の恩を挙げ、人が歩むべき道を説いているが、彼はこれを「日本武士道」という呼び方をしている。彼の武士道観は、「皇室を中心としてわが国に発展した特殊道徳」であるとも言って、いわゆる「滅私奉公」という武士の生き方を説いた武士道とはまったく異なるものである。新しい日本を見つめているのであろうか。

勝海舟も同じような価値観を持っていたと思われるし、また西郷隆盛もそうであったろう。この三人は「武士として斯《か》くあるべき」という理念に基づいて、ほぼ一致していたといえるかもしれない。

〈武士道〉という言葉は、アメリカで英語で『BUSHIDO』を書いた新渡戸稲造が作った言葉だと思い込んでいた私は、まさに目からウロコであった。

それにしてもジュリアンの日本語のスゴさ、日本文化の知識には脱帽である。

杉原千畝の疑問

晩年、杉原千畝は手記を書いているが、これがたいへん面白い。これだけで彼の考え方がわかると私は思うが、その中で疑問を数点挙げている。

ここに不可思議なことが二、三件あります。その一つは、東京の外務本省は、カウナス領事には、本件トランジット拒否を発令しておきながら、満州（現、中国北東部）の都ハルビンにいた日本軍の、陸海軍特務機関長樋口中将自身が首謀者となって、極東ユダヤ共和国作りを真剣に考え、この国の国民としては、ヨーロッパからのユダヤ難民を利用、充当する手筈で、既に第一回発会式にはニューヨークのユダヤ協会会長や、上海ユダヤ委員会会長とうの有力者を招待する一方、二万人分のシベリア鉄道貨車輸送を、真剣に企画、且つ実行していたのであります（イスラエル建国資料館には、本件に関する記録もある他、エルサレム市内には樋口氏の名を冠した町名すらあり）。

本件の対ユダヤ難民ビーザ問題をむしろ、外務省に対してでなく、直接軍部宛に出す方が、当時の実情には添った措置であったかも知れないと思います。

（『決断・命のビザ』）

これはまったく皮肉な言い方をしているのであろうが、日本の陸軍のトップは、〈武士道〉の精神があったともいえる。

さて、この樋口季一郎少将と安江仙弘大佐の件であるが、〈オトポール事件〉と呼ばれている。

オトポール事件とは、満州との国境に近いソ連オトポール駅に、ドイツからユダヤの人々が逃げてきて、満州への入国許可を要求した事件である。

その数は2万人とか3万人とか言われているが、実際はもっと少なかったということが、最近の研究でわかっているそうである。

数はともあれ、当時の関東軍は彼らを特別列車に乗せてハルビンまで送り届けた。このとき動いたのが、樋口少将と安江大佐である。ふたりは陸軍兵学校の同級生で、肝胆相照らす仲であったという。

しかし、この裏には松岡満鉄総裁の考えがあったといわれている。松岡はユダヤ人の日本への受け入れについて反対していたが、アメリカでの苦学時代にユダヤ人に世話になっており、個人的にはユダヤ人を理解していたという。

杉原が言う、ユダヤ人に関しては当時の外務省より陸軍にビザ申請をしたほうがよかったというのも、彼流の皮肉であろう。

当然のことながらドイツ外務省は、大量のユダヤ人難民を満州国へ入れたことに対して日本政府に強硬な抗議を行った。この抗議は東京から、当時新京にあった関東軍司令部へすぐに伝えられたという。

しかし東條参謀長は、「難民受け入れは、当然なる人道上の配慮によって行ったもの」として、抗議を一蹴したという。杉原が外務省でなく陸軍にビザ申請をしたほうがよかったというのも、うなずけることである。

杉原が言いたかったのは、当時の外務省より陸軍のほうがよっぽど人道的だったということであろう。

東條と『ゴールデン・ブック』

ところで、樋口少将は上司の意見に背いてユダヤ人を救ったわけではない。規律が重んじられる軍隊の中であるから、当然トップの許可なくして行うことはできなかった。

その点がリトアニアという小国の領事代理として、ひとりで日本の外務省と電報でのやりとりをした杉原千畝との立場の違いであろう。

樋口少将は当然のことながら、トップの許可をとった。

トップとは、誰か？　当時関東軍の司令官であった、東條英機である。東條が許可をしたから、ふたりともユダヤ人を救うことができたのである。

もし、この事実をもっと早くユダヤの人々が知っていたら、東京裁判の際に、世界中のユダヤ人が東條の助命を求める陳情をしたかもしれない。

なぜならイスラエルの『ゴールデン・ブック』に名前が載るには、助けられた側のユダヤ人の推薦が必要だからである。しかし樋口や安江と違って、東條はユダヤ人と直接のつながりがなかった。そのため、この事実は敗戦後明るみに出ず、誰も取り上げようとしなかったのである。

私は中学・高校時代を世田谷で過ごしたが、その当時小学生だった弟が、よく母に「東條君ちは、いつもＰＴＡにお母さんじゃなく、おばあちゃんが来るんだよ。何でだろう？」と言っていた。母の話ではＰＴＡの役員として一緒に、そのおばあちゃんと働くようになり、とても気さくな人だと思っていたそうである。やがて彼女が東條英機の奥さんだったということを知って、母も驚いたという。その話を夕食のときに母がしたところ、父がこんな話をした。

太平洋戦争が始まってしばらくしたころ、父は逓信省（現在の日本郵政株式会社）簡易保険局から丸の内にある保険会社に転職した。本社の窓口の貸し付けの係長であったという。

ある日、和服姿の上品な婦人が現れ、保険証書を出して貸し付けを依頼したという。保険証書に書かれた被保険者の名前を見て驚いた父は、慌てて応接に通したという。時の首相・東條英機夫人であったのだ。

「東條英機のことを悪くいう人はいるけれど、彼は公私混同をしていない潔白な人だったと自分は思っている」

そう父がしみじみ言ったことを思い出す。

ヨーロッパに住むようになってからヒトラー・マネーがマスコミなどで大きく取り上げられたし、またイタリアのムッソリーニは、自分の愛人との逢い引きのために日本の新聞社の別荘を使っていたという話も聞いたりしたものだ。東條英機は、こういうことがまったくない人だったのであろう。

リトアニアには偽名で行け！

妻・幸子さんの著書に、こんなくだりがある。杉原がヘルシンキでリトアニア転勤の命令を受けたときのことである。

リトアニア転勤の命令をヘルシンキで受け、それを私に告げた夜、夫は眠れなかったようでした。何度も寝返りを打つベッドの軋む音が聞こえました。その時すでに、夫の任務は重大で危険をはらんだものだったのです。姓名を変えて行けという本省からの命令に、夫は平然として本名で行くことを通しました。外務省に勤める以上は、本省の指令に従わねばならないとしても、夫の本当の気持ちはスパイのような役目はしたくなかったのだろうと私は思いました。

今、思い返すと、そのように夫のリトアニアへの乗り込みには、始めから何かが起こるかもしれないという予兆が見えていたのでしょう。

（『六千人の命のビザ〔新版〕』）

「さすが、スギハラ！」

ジュリアンが、うれしそうに手をたたく。私も、ワクワクしてしまう。

「堂々と本名で、それも家族連れで行くなんて、すごいわ！」

ジュリアンが、ひと言。

「さすが、ヤマトオノコ！　サムライ・スピリットですね」

しかし、ふたりとも複雑な気持ちである。外交官はスパイではない。スパイを手足の如く使うことはしても、外交官自身がスパイになれとは、どういうことか？

こんな命令を出す国が、先進国にあったというのは情けない。

杉原の英断に敬意を表したい。

最大任務「独ソ大戦の情報収集」

「儒教」の中で、いちばん最初に来るのが「仁」の考え方であるという。日本人が昔から大切にしてきたことは、このひと言に含まれているといってよいであろう。杉原千畝もまた、この精神に則って仕事を遂行してきた日本人であった。

インテリジェンス・オフィサーとしての彼の情報の集め方を見れば、それがよくわかる。ほかの日本大使館員が公の情報を集めるだけに留まっていたのに対して杉原が用いたのは、まず地元の人（彼の場合はポーランド）と友人関係をしっかり作り、それから一緒に仕事（情報収集）をしたことである。

杉原千畝に日本政府から依頼された最大の任務は、いつ独ソ戦が始まるかの情報を得ることであった。そのため彼はケーニヒスベルク時代、よく視察に出かけた。家族同伴である。

子どもたちはピクニックにはしゃいでいたが、彼の全神経は周囲に張りめぐらされていたに違いない。

しかし外国人という立場では、集められる情報には限りがある。そこで彼は、信頼できる地元の同志を見つけようと試みたのであった。

杉原の情報源は、ポーランドの地下組織。中でも通称ペシュ（陸軍中尉ダシュケビッチ）は1940年、カウナスの領事館門前に押し寄せた多勢のユダヤ人と交渉し、代表5人だけ中に入れさせるなどしたことで、よく知られている。また彼は戦後、日本へ来ており、杉原の着物を着て写った写真が残されている。これこそふたりの関係が、仕事を超えた友人としてのものであったことを物語る証拠であろう。

杉原がプラハ、ケーニヒスベルクと転勤を重ねるごとに、ペシュは杉原一家と一緒に車で同行していた。領事館の中では書記官ということで館内に住み込み、杉原の子どもたちの遊び相手にもなっていた。子どもたちにせがまれて、木で自動車を作ってあげたということが、妻・幸子さんの本にあり、ほほえましい感じがする。

また、『決断・命のビザ』には、「現存するペシュの写真の中に、杉原の和服を着た堂々たる写真があるが、ドイツ人と一緒のグループ写真では、うつむいたり横を向いたりして、カメラを避けている」と書かれているのが興味深い。

ポーランド地下組織の友人関係

杉原を助けたポーランド人は、ペシュのほかにクバ（ポーランド陸軍大尉ヤクバニェッツ）がいた。クバは、ベルリンの日本陸軍武官府に通訳官として登録されていたスパイである。また、彼らの仲間にはスウェーデン日本大使館武官のイワノフ（ポーランド陸軍少佐リビコフスキー）がいた。

彼ら3人のポーランド将校は、いずれもその地下情報組織を取り仕切る大幹部で、カウナスの日本領事館に泊まって杉原と情報交換をしていたという。

当時、日本とポーランドは微妙な関係にあった。日本にとってドイツは同盟国であり、ソ連とは1941年に中立条約が結ばれていたが、ポーランド情報機関と杉原の関係は、まさに儒教の「仁」による個人的な友人関係であったと私は想像する。

このあたりは杉原独特のパーソナリティーがあったと思われるが、やはり彼の心の中には儒教の心が生きていたのではなかろうか。そうでなければ、彼らが杉原と共に身の危険を冒してまで情報を集めることはしなかったであろう。当時の在ヨーロッパ日本大使館には、杉原のような「仁」の心を基本にしたルートがなかったと言っても過言ではあるまい。

もう少し詳しく見てみよう。

当時、ベルリンの日本大使館は、ドイツはソ連攻撃ではなく、イギリス上陸作戦を進めていると信じ込んでいたという。しかし杉原は松岡外相宛てに打電、ソ連国境沿いのドイツ軍の緊迫の動向について克明に報告している。この電報はもちろん、ベルリンの日本大使館にも転電されていて大島浩大使も知っていたはずであるが、無視されたようだ。

1941年6月22日、杉原の予想どおり、宣戦布告なしに300万のドイツ軍がソ連領へ攻め込んだ。それまではポーランドをそれぞれ占領していた両国であったが、ここで戦争状態に入ったのである。

杉原の盟友であった3人のポーランド人スパイの一人クバと、その配下のポーランド地下組織の諜報員たちは、ゲシュタポによって一斉に逮捕された。杉原と一緒にケーニヒスベルクにいたペシュは危険を感じて、いち早く姿を消したという。

杉原流の「仁」の心の勝利とも言える。しかし、日本にとっては遅かった。

杉原情報を無視した日本大使館

ポーランドの地下組織と手を組んで身の危険を冒しながら得た杉原の独ソ開戦情報は、ベルリンの日本大使館ではまったく取り上げられなかった。彼はその手記に、当時ベルリンにいた大島大使にドイツ軍の動きを報告していたと、書いている。しかしながら大島大使は、杉原の情報を採用しなかった。なぜなのか不思議である。お役所仕事といってしまえば、それまでであるが。

ソ連に攻め込んだドイツ軍は、異例の寒波と圧倒的なソ連軍の兵力に戦意を失い、ヒトラーは初めての大敗北を味わうことになる。

このドイツ軍の進撃を、ユダヤ系アメリカ人は許すことはできなかった。特に当時のルーズベルト大統領は祖父がユダヤ系オランダ人であり、ハル国務長官はユダヤ人を母に持ち、閣僚の中にはユダヤ系が多かった。

さて、「フグ計画」という言葉をご存じであろうか？

この名前は、日本のフグが美味ではあるが、一歩料理法をしくじるとフグの猛毒に中《あた》ることから、まかり間違えば、ユダヤ人に日本が制覇されかねないという危険性を伴っていた。まず5万人のドイツ系ユダヤ人を満州国に招聘する動きが秘密裏に推し進められた。しかし日本側がユダヤ勢力を過大評価していたことや、ドイツとの関係などを考慮しなかったことなどが表面化して、実現には至らなかった。

一方、日本では松岡外相が孤立していた。松岡は日独伊と三国同盟を組み、ソ連と中立条約を結んだ立て役者であるが、彼はユーラシア大陸の勢力を束ねてアメリカの圧力に抵抗しようと考えていたのである。

日本軍がソ連を攻めてもアメリカは何も言えないが、南を攻めると東南アジアの利権が絡み、アメリカとの衝突は避けられない。松岡は南進にはやる軍部を抑制するため、ソ連と中立条約を結んでいたのである。

松岡は自らソ連への宣戦布告を提案したが、このころ既に対米交渉の方針について、日米交渉案などが出されていた。これに反対した松岡は、内閣から外された。

『決断・命のビザ』には、このように書かれている。

杉原千畝は、ルーマニアのブカレストへ行くよう、一九四一年一一月二七日に本省から指令されていたが、日米開戦の報を聞くと、「日本もドイツも負ける」といった。

松岡洋右は、一二月八日、三国同盟は失敗だったといって、開戦で泣いた。

そして一億人の日本人は、一九四五年八月一五日、敗戦で泣いた。

チェコ888人の子どもを英国へ

「ところで、去年か一昨年、ニコラス・ウィントンが亡くなったわね」

「へー、何でマダムがニコラス・ウィントンなんか知っているんですか？」

「それはね、主人はウィーンで生まれたの。母親がチェコの人で、父親がスウェーデン人だった。幼いころ父親を亡くしたので、プラハの母親の実家で育ったの」

「へー、はじめて聞きます」

「彼は、ソ連を嫌っていたわ。当然のことだけど。スウェーデン国籍を持っていたので、高校を出るとスウェーデンに行ったの。結婚してから、チェコの話を聞いたわ」

「なるほど、そういうことだったのか」

大きくうなずくジュリアン。

ちょうど杉原千畝がカウナスでユダヤ人のためにビザを書いていたころ、ニコラス・ウィントンはナチスによりユダヤ人強制収容所に送られようとしているチェコの子どもたちを救出して、イギリスに避難させた。チェコ・キンダートランスポートと呼ばれているプロジェクトである。

「そのことは、僕も知ってます。やはり日本の知識とヨーロッパの知識と違いますね。彼はロンドンに住んでいたけど、ドイツ系ユダヤ人だったんですよ」

「あぁ、そうなんだ。そこまで私は知らなかった。彼は子どもたちのために、イギリスに里親を探す活動を始めたのよね？」

「個人でそこまでやるというのは、すごいですよね」

ジュリアンは、いつになく感心したような顔をする。

「それにしても私は、この人のエピソードが好きなのよ」

「へー、ウィントンのエピソードって、何ですか？」

ウィントンは、まったく自分の行為を公にしようなどとは考えていなかったのである。戦後、何十年も経って、1988年、二人目の妻グレタが、屋根裏部屋でトランクを見つけた。そこには、大きなスクラップブックに詳細な書類が納められており、感動したという。

しかしウィントンは「もう済んだことだから」と処分を考えていたというから面白い。

しかし、夫人が押しとどめ、イギリスの大衆紙『サンデー・ミラー』に渡り、1999年、ロンドンで子どもたちが救出されてから60周年の再会の集いを持つに至ったのだ。

「すごくいい話ですね」

真面目な顔で、大きくうなずくジュリアン。

「本当にいい話よね。私は今思ったんだけど、これも〈武士道〉の精神かもね。何の見返りも求めずにやっているし、杉原千畝と共通するところがあると思わない？」

「本当にそうかもしれない」

「例えば日本の樋口中将の息子さんが書いているけど、樋口は一生何もそのことについては話そうとはしなかったそうよ」

「皆、共通するところがあるのかもしれませんね」

私は少々改まって、ジュリアンに伝える。

「杉原千畝を巡る人たちの話をずっと集めているけれど、皆、共通するものがあるのが興味深い。すばらしい生き方だと、つくづく思ったわ」

「マダムも自己犠牲をやりたいんですか？」

そう言って、ジュリアンはニヤリと笑う。

「そんな大袈裟なことはやろうとは思わないけど、万一、タイタニック号に乗り合わせたら、船に残る。それにしても日本人ってすごいなと思った。うん、それだけ」

人がやれないことをやる人は、本当にあっさりやって、それほど重要なこととは思っていないようだ。

人間の器ということか？　それとも「武士道」なのであろうか？

エピローグ〜キュラソー・ビザの謎がとけた

〈キュラソー・ビザ〉という言葉が、杉原千畝を知る人たちの間ではポピュラーであることを知ったのは、もうかれこれ10年前ぐらいだっただろう。

昔、〈キュラソーから来た男〉が話していた、ユダヤ人を助けたオランダの名誉総領事ヤン・ツバルテンディクとは、どういう人なのか？　その人と杉原千畝は、どういうかかわり合いがあったのか？　私の興味は、膨らんでいくばかり。

まずリトアニアを調べるうちに、杉原千畝の名前が出てきた。そして、カウナスで彼がユダヤ人のために手書きでビザを書き始めたとき、対象になったのはオランダ領事館が発行したキュラソー行きのビザを持っている人だけだったといわれている。

その後、彼は松岡外務大臣が電報で指示した「日本を通過するのに十分なお金や切符などを持っているユダヤ人だけに限る」という条件を無視して、ビザを発給したといわれる。

そのうえ最後は「通行許可証」という形で書いており、それで日本を通過できたという人もいたと聞く。

〈キュラソー・ビザ〉を考えついたのは、このヤン・ツバルテンディクという人物だと思っていたが、その後、ユダヤ系オランダ人のアーチストから、その裏事情を聞くことができた。そして当時バルト三国は、それぞれ独立した国であったが、西ヨーロッパの国々は三国を一緒に考えていた、というのである。

つまり、リトアニア、エストニア、ラトビアの三国を通じてユダヤ人を救おうという動きが、オランダ人外交官の間であったということだ。

例えば、杉原千畝の手記には、こう書かれている。押し寄せたユダヤ人たちに、代表5人を選ぶよう頼んだときの話である。

《五人代表の素性》

私が最初から交渉の相手にしていた代表者五名は、次の人々でした。勿論彼らが自由に選出した人々で、また、彼らとの会話には、領事館常雇いのドイツ系リトアニア人、家僕ポーランド人、難民中からの即席通訳でした。

一、Dr. Zorah Warhaftig　神学博士　イスラエル・ゴルダ・メノール内閣宗教大臣、労働党幹部。

二、Jehoshua Nishri　元在日イスラエル大使館経済参事官　在日五か年、現在テル・アビブ市で貿易会社、特に対日活動中。

三、Minister Shimon Yallon　現在日本イスラエル大使館経済公使として勤務中。上掲ニシュリ氏の後任。

四、Adv. Zvi Klementynovski Deputy Mayor Tel-Aviv Yabo with m-me Gileene

Klementynovski

五、姓名（記憶ナシ）リトアニア籍オランダ国の名誉領事、カウナス常駐のユダヤ実業家。この人の素性を私が知ったのは、かなり後になってからであって、私が発給する蘭領キュラソーを最終目的国と記入する件は、実はこの人の入れ知恵であって、私との談交中もしばしば席を立ったり、室を出たり入ったり、如何にも弁護士型であった。キュラソーに船着場はあるかと私の茶化した質問に対し、同氏はすぐさま、それは調べていないが、税関吏のいないことだけは、保証しますと受けてきました。（編者注＝氏名はヤン・ツバルテンディク）

（『決断・命のビザ』）

編者の（注）として、ヤン・ツバルテンディクの名前が加えられているのを見ると、杉原千畝は彼の名前を覚えていなかったようだ。

また、この件に関しては、（注）を書かれた杉原千畝研究会の渡辺勝正先生から貴重なお話を伺った。

リトアニア・オランダ名誉総領事ヤン・ツバルテンディクがユダヤ人というのは杉原の思い違い。なぜなら彼は後年、イスラエルの「ヤド・バシェム賞」を受賞したというのだ。この賞は杉原も受賞しているが、ユダヤ人を助けた外国人を対象とした賞であるから、彼がユダヤ人でないということが証明されたということになる。

確かにヤン・ツバルテンディクが〈キュラソー・ビザ〉を発給しただけでなく、5人のユダヤ人代表のひとりになっていたことは、彼のユダヤ人への深い思い入れを示すものであり、杉原が彼をユダヤ人と思い込んだのも、うなずけることではなかろうか。

ところでオランダ人アーチストの裏話に戻ろう。

〈キュラソー・ビザ〉を思いついたのはヤン・ツバルテンディクではなく、L・P・J・デ・デッケルという、オランダのベテラン外交官であったという。

1939年、彼はバルト三国オランダ大使に任命され、ラトビアのリガに駐在する。

1940年、当時、オランダの企業フィリップス電機のリトアニア代表になっていたヤン・ツバルテンディクを「在リトアニア・オランダ名誉総領事」に任命。彼自身はストックホルムに転勤する。

さっそくストックホルムでデ・デッケルは、オランダ領事A・M・デ・ヨングに〈キュラソー・ビザ〉の話をしたところ、すぐにリトアニアをはじめとするバルト三国から〈キュラソー・ビザ〉発給の電報や手紙が殺到。400通も発給したが、残念なことにさまざまな理由により、ほとんど利用されることはなかったという。

また、オランダの友人によれば、L・P・J・デ・デッケルに〈キュラソー・ビザ〉のアイデアを教えたのは、杉原千畝のビザで日本へ逃げた、ユダヤ神学校の学生であったという説もあるという。

いずれにしても、こういう切羽つまった状況で、これほど柔らかい頭でいられるオランダ人に、私は感心してしまう。

「なんとかしてユダヤの人々を救おう！」という気持ちが実ったに違いないが、いつも笑顔とユーモアを忘れないオランダ人を知っている私は、やはり日本人にはできない行動だと思ってしまうのだ。

●杉原ビザ（アレクサンダー・ハフトゥカのパスポート）／八百津町所蔵
パスポート右ページ（ページ番号、「査証」の表記に重なるように、在カウナス日本領事館による日本の通過査証）Seen for the journey through Japan (~~to Suranam, Curaçao and other Netherlands colonies~~.) 「日本経由で（~~スリナム、キュラソー（島）や、その他のオランダ植民地への~~）旅行用にチェック済」（手書きの横線で消してある）、（その横に、手書きで）to ~~Canada~~ England（「~~カナダ~~ イギリスへ」）（「カナダ」が手書きの横二重線で消してある）、（日本語の手書き部分、右から）査証（（右）英吉利より（左）敦賀上陸）滞在拾日間　昭和十五年七月三十一日　在カウナス領事代理　杉原千畝（印）

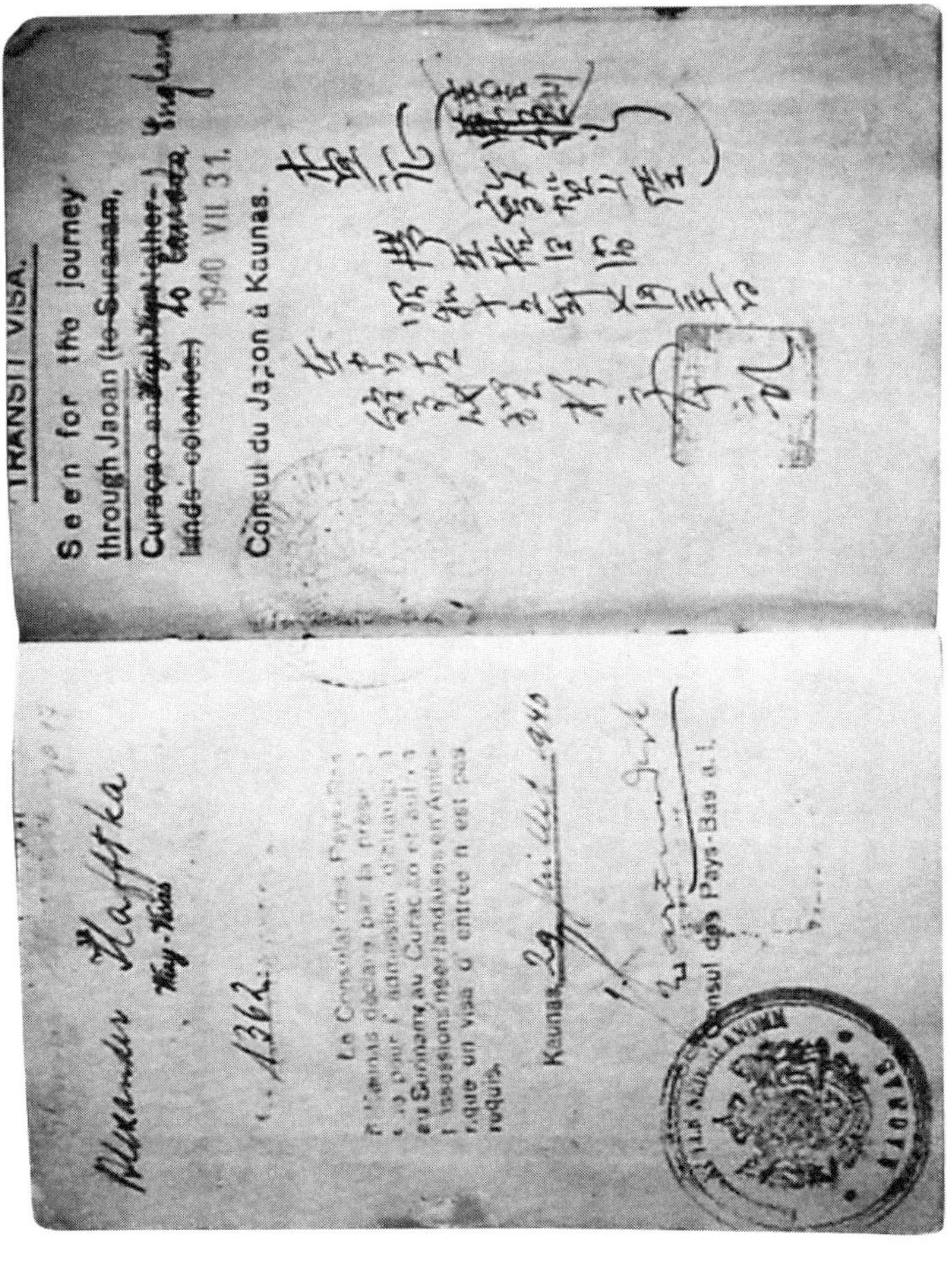
TRANSIT VISA.
Seen for the journey through Japan
1940 VII 31.
Consul du Japon à Kaunas.
Kaunas
Consul des Pays-Bas a.i.

おわりに

65歳で初めて世に出していただいた本が、『一度も植民地になったことがない日本』(講談社＋α新書　2007年)。おかげさまで本書は13冊めとなり、＋α新書も5冊めとなりました。

若いころコピーライターをしていたとはいうものの、この歳になって物書きをやっていることなど、昔は考えたこともありませんでした。人生は面白いものだと思います。

この仕事の醍醐味は、自分が興味を持ち出すと不思議な偶然に導かれて思わぬ出会いが起きてくることです。杉原千畝の場合も、20代で知った〝アンダーグラウンド映画のゴッド・ファーザー〟といわれるジョナス・メカスの『リトアニアへの旅の追憶』から始まり、30代、「キュラソー」という島がカリブ海にあることを知ります。そして40代、「スギハラチウネ」という日本人がいたことを知ったのです。

ただ、まだそのときは、この3つの言葉は私の頭の中では結ばれておらず、別々の引き出しに入っておりました。そして、ひとつの引き出しに収まったのは、1989年、リトアニアからの「人間の鎖」のテレビニュースがきっかけだったのです。

偶然は、まだ続きます。杉原千畝について調べ始めた私でしたが、要介護5になってしまった母の介護のために日本へ帰ることに。すると突然、岐阜県の高山市役所から電話があり、文化芸術祭のシンポジウムのパネラーに招いていただきました。当日、高山市に伺って市役所の方に聞いたのは、「杉原千畝記念館は、ここから遠いのですか？」ということでした。

このシンポジウムが縁で、高山市が主催する中学・高校生向けの生涯学習講座で「杉原千畝プロジェクト」を指導。2015年、杉原千畝のユネスコ世界記憶遺産登録申請が決まり、にわかに杉原千畝ブームが巻き起こった感があります。

杉原千畝の「命のビザ」で助けられた6000人のユダヤの方々の子孫は世界中におり、祖父母からこの物語が語り継がれていることでしょう。ユダヤ人というとホロコーストの暗いイメージが浮かびますが、杉原千畝の功績は誰をも元気づける感動に満ちています。今、世界中から岐阜県八百津町の杉原記念館へたくさんのファンの方が訪れることからも、おわかりいただけるかと思います。

杉原千畝ほど世界で知られているのに、日本で知る人が少ない国際人は、珍しいのではないでしょうか？　グローバル化時代といわれる今日、日本人なら必ず知っておいていただきたい「日本人」だと思います。

本書をお読みになりました感想など、ぜひ身近な方にお話しになり、感動を分かちあっていただければ、著者としてこんなうれしいことはございません。

今、母もあの世で見守ってくれていると思いますが、私の夢はリトアニアに行くことです。日本領事館のあったカウナスを訪ねた後、首都ヴィリニュスにあるジョナス・メカス・ビジュアル・アートセンターを訪問し、90歳を超えた彼に、私の人生を変えてくれたお礼を言いたいと思っております。

最後になりましたが、本書は、杉原千畝研究会代表の渡辺勝正先生のお力添えなしにはでき上がりませんでした。貴重なご指摘、ありがとうございました。また、講談社企画部の加藤孝広氏の「杉原千畝の評伝にとどまらないものを」というアドバイスからのスタートは、たいへん参考になりました。改めて御礼申し上げます。

最後までお読みいただきまして、ありがとうございました。

デュラン・れい子

〈主な参考文献〉

『命のビザを繋いだ男　小辻節三とユダヤ難民』山田純大著（ＮＨＫ出版）
『近代日本人の美意識』山折哲雄著（岩波書店）
『ぐうたら人間学』遠藤周作著（講談社）
『決断・命のビザ』渡辺勝正編著（大正出版）
『この国のかたち』司馬遼太郎著（文春文庫）
『孤立する大国ニッポン』ゲルハルト・ダンプマン著／塚本哲也訳（ティビーエス・ブリタニカ）
『ザビエルの見た日本』ピーター・ミルワード著／松本たま訳（講談社学術文庫）
『21世紀版少年少女世界文学館』第３巻「ベニスの商人」『ロミオとジュリエット』ウィリアム＝シェイクスピア著／イーディス＝ネズビット再話／八木田宜子訳（講談社）
『信ずる宗教、感ずる宗教』山折哲雄著（中央公論新社）
『自由への逃走　杉原ビザとユダヤ人』中日新聞社会部編（東京新聞出版局）
『真相・杉原ビザ（改訂版）』渡辺勝正著（大正出版）
『杉原千畝物語　命のビザをありがとう』杉原幸子・杉原弘樹著（金の星社）
『杉原千畝と日本の外務省　杉原千畝はなぜ外務省を追われたか』杉原誠四郎著（大正出版）
『杉原千畝の悲劇　クレムリン文書は語る』渡辺勝正著（大正出版）

『聖フランシスコ・ザビエル全書簡3』フランシスコ・ザビエル著／河野純徳訳（平凡社）
『世界のなかの日本　十六世紀まで遡って見る』司馬遼太郎、ドナルド・キーン著（中公文庫）
『高橋是清自伝（上）（下）』高橋是清著／上塚司編（中公文庫）
『日本人とユダヤ人』イザヤ・ベンダサン著（角川文庫）
『日本人と日本文化　対談』司馬遼太郎、ドナルド・キーン著（中公文庫）
『日本人に救われたユダヤ人の手記』ソリー・ガノール著／大谷堅志郎訳（講談社）
『日本人の美意識』ドナルド・キーン著／金関寿夫訳（中公文庫）
『日本に来たユダヤ難民　ヒトラーの魔手を逃れて約束の地への長い旅』ゾラフ・バルハフティク著／滝川義人訳（原書房）
『日本はなぜアジアの国々から愛されるのか』池間哲郎著（扶桑社文庫）
『松岡洋右　その人と生涯』松岡洋右伝記刊行会編（講談社）
『山岡鉄舟の武士道』勝部真長編（角川ソフィア文庫）
『ユダヤ製国家日本　日本・ユダヤ封印の近現代史』ラビ・M・トケイヤー著　加瀬英明訳（徳間書店）
『陸軍中将樋口季一郎回想録』樋口季一郎著（芙蓉書房出版）
『六千人の命のビザ［新版］』杉原幸子著（大正出版）
『私の好きな日本人』石原慎太郎著（幻冬舎新書ゴールド）

デュラン・れい子

1942年、東京都生まれ。文化学院美術科卒業。博報堂でコピーライターとして活躍。76年、スウェーデン人と結婚、スウェーデン、オランダ、ブラジルに住む。77年、「英国国際版画ビエンナーレ」で銅賞受賞。ヨーロッパ各地で個展、グループ展。欧米アーティストの日本への紹介にも携わる。2000年、南仏プロバンスに移住し執筆活動を開始。初の著書『一度も植民地になったことがない日本』(講談社＋α新書)が20万部を超えるベストセラーに。14年、母の介護のため帰国。その傍ら岐阜県高山市主催の生涯学習講座で中学・高校生の「杉原千畝プロジェクト」を指導している。日本ペンクラブ会員。

講談社＋α新書 358-5 C

日本人《にほんじん》なら知《し》っておくべき「日本人《にほんじん》」の名前《なまえ》

デュラン・れい子《こ》 ©Reiko Duland 2016

2016年5月19日第1刷発行

発行者―――― 鈴木 哲

発行所―――― 株式会社 講談社

東京都文京区音羽2-12-21 〒112-8001

電話 編集(03)5395-3522

販売(03)5395-4415

業務(03)5395-3615

カバー写真―――― NPO杉原千畝命のビザ

デザイン―――― 鈴木成一デザイン室

カバー印刷―――― 共同印刷株式会社

印刷―――― 慶昌堂印刷株式会社

製本―――― 牧製本印刷株式会社

定価はカバーに表示してあります。

落丁本・乱丁本は購入書店名を明記のうえ、小社業務あてにお送りください。

送料は小社負担にてお取り替えします。

なお、この本の内容についてのお問い合わせは第一事業局企画部「＋α新書」あてにお願いいたします。

Printed in Japan

ISBN978-4-06-272941-3